ÉVOCATIONS

TUNIS, LA VILLE MODERNE

LES ORIGINES ET LA PÉRIODE FRANÇAISE

Geneviève Goussaud-Falgas

ALAN
SUTTON

Editions Alan Sutton
8, rue du Docteur Ramon
37540 Saint-Cyr-sur-Loire

Première édition février 2005

ISBN 2-84910-165-6

ISSN 1297-2533
Dépôt légal : février 2005
Imprimé en Grande-Bretagne par Oaklands Book Services Limited, Gloucestershire

Sommaire

Remerciements

Je remercie tous ceux qui m'ont aidé à rassembler les documents iconographiques nécessaires à l'illustration de cet ouvrage. Sans leur aide, en effet, il m'aurait été difficile de mener à bien cette partie du travail :
Sauveur Farrugia,
Sœur Mercédès Guttierrez, archiviste à la prélature de Tunis, ainsi que Sœur Paola,
Sœur Christilla Blanchard et Sœur Agnès Cavasino, de la congrégation de Saint-Joseph-de-l'Apparition,
Charlette Lhospital-Niemtchinow,
Hubert et Annie Goussaud,
Mon frère Christian,
Huguette Aspromonte,
Louis Latour et la Société d'archéologie de Toulouse,
Yves Péchoux et la Société de géographie de Toulouse,
La bibliothèque municipale de Toulouse,

Et tous ceux, nombreux, que j'ai sollicités : par les renseignements qu'ils m'ont fournis, ils m'ont permis de pousser plus loin mes recherches et de les faire aboutir la plupart du temps.
Parmi eux :
Aurore Vérié-Cassar,
Monseigneur Chioetto, vicaire général de l'archevêché de Toulouse,
L'abbé Tabone, ancien prêtre de Tunisie,
L'abbé Prignot, ancien curé de la cathédrale de Tunis.

Douze photos proviennent des Archives du ministère des Affaires étrangères, à Paris.

Les documents iconographiques dont l'origine n'est pas précisée sont la propriété de l'auteur.

A mon frère Christian

« Que sont devenus tous ces maçons ? Où sont donc passés ces Africains, ces Phéniciens, ces Romains, ces Vandales, ces Byzantins, ces Arabes, ces Turcs, ces Espagnols, ces Italiens, ces Maltais, ces Français … ? Beaucoup, en Tunisie, vous jureront de bonne foi que ces gens-là sont repartis chez eux. Ce n'est pas si sûr ! Il ne faut pas toujours croire ce que racontent les humains ; leur mémoire est souvent courte et sélective. Il faut écouter ce que disent les pierres ; leur parole est plus fiable. Or, chaque pierre ici porte encore la trace des architectes qui se sont succédé pour dessiner la mosaïque tunisienne. Chaque pierre ici est signe […] »

Fawzi Mellah
in *Une saison tunisienne*, Actes Sud, 1995

Rétrospectives

Tunis est une capitale formée de deux cités contiguës, la ville ancienne et la ville moderne, ce qui a eu pour conséquence de laisser à chacune son caractère particulier : la première, héritière d'une longue histoire, est un entrelacs de ruelles étroites et tortueuses, hautement pittoresque, la seconde, de construction récente, lui oppose un tracé géométrique et aéré. Il n'y a pas eu imbrication de l'une dans l'autre.

Les historiens qui se sont penchés sur son passé font remonter la fondation de la ville ancienne au Ve siècle avant Jésus-Christ, dans le cadre des comptoirs installés en Méditerranée par les Phéniciens : elle n'était alors qu'une bourgade, établie dans les terres, sur les bords marécageux d'un lac. Annexée par Carthage, bientôt fortifiée, elle servit à cette dernière de poste défensif et de relais commercial : telle est, reconstituée par les historiens, l'origine probable de Tunis, qui resta subordonnée pendant des siècles à sa puissante voisine phénicienne.

Puis, dans la longue durée de l'histoire, s'accomplit le destin de Carthage et celui de Tunis : eurent lieu la destruction de la prestigieuse cité par les Romains, en 146 avant Jésus-Christ, lors de la troisième guerre punique, sa reconstruction au début du Ier siècle de notre ère par le successeur de Jules César, l'arrivée des Vandales au Ve siècle, la domination byzantine et les prémisses de la conquête arabe, successivement aux VIe et VIIe siècles. Carthage avait désormais quitté le devant de la scène, alors que le déroulement des siècles et les circonstances historiques conduisaient peu à peu à l'expansion de Tunis : si le premier conquérant arabe avait fondé Kairouan en 670 pour en faire sa capitale, Tunis était devenu, dès la fin de ce même siècle, une ville importante qui fut très vite dotée de sa grande mosquée, la Djemâa-Es-Zitouna : au début du VIIIe siècle, la *ville arabe*, également appelée *médina*, était née. Ces périodes d'édifications successives ont formé un ensemble que l'on désigne sous le nom de *ville ancienne*.

Plusieurs dynasties se succédèrent à Kairouan tout en continuant à développer Tunis, jusqu'au XIIIe siècle où l'une d'elles, les Hafsides, en fit sa capitale. C'est un émir de cette dynastie, El Mostancir, que Saint Louis voulut convertir au christianisme au cours de la huitième croisade : le roi de France, venu avec suite et armée, avait établi son camp de croisés sur le site de Carthage quand il mourut de la peste en 1270.

Peu à peu, les échanges commerciaux se développèrent entre les pays riverains de la Méditerranée. Mais, parallèlement à cette évolution, une pratique entrait dans les mœurs des cités barbaresques, celle de la *course* contre les navires chrétiens, qui menaçait de ruiner le commerce maritime occidental. Tunis était l'une des plaques tournantes de cette guerre économique, abritant les vaisseaux corsaires, arabes et turcs, dans ses refuges côtiers, organisant la vente des marchandises et celle des esclaves. Les nations victimes de ces préjudices réagirent en conduisant une *contre-course* aussi impitoyable, pourchassant les corsaires sans relâche, pour défendre en particulier les villages chrétiens établis sur les côtes et périodiquement ravagés par les incursions des pirates. Les Chevaliers de Malte s'illustrèrent dans cette résistance aux barbaresques.

Au XVIe siècle, en 1534, Tunis tomba une première fois, mais pour peu de temps, sous la domination espagnole à l'issue d'une expédition conduite par Charles Quint. En 1574, Philippe II envoya Don Juan d'Autriche reconquérir la ville, d'où les Espagnols furent à nouveau chassés, quelque temps plus tard, par les Turcs qui y installèrent aussitôt une administration ottomane : le royaume hafside était devenu une régence turque et l'une des provinces arabes de l'Empire ottoman, qu'un pacha, puis un dey et plus tard un bey gouvernèrent au nom du sultan.

Le roi de France, de son côté, au début du XVIe siècle, chercha à traiter avec le sultan d'Istanbul, afin de protéger, plus durablement que par les armes, les chrétiens et le commerce des Etats en Méditerranée. Des accords, les *Capitulations*, furent signés en 1535 entre François Ier et Soliman le Magnifique : ils définissaient le statut des chrétiens, et des Français en particulier, en terre d'islam et instauraient un ordre dans lequel chrétiens et musulmans pouvaient cohabiter pour le bien de leurs intérêts économiques.

En 1577, Henri III ouvrait un consulat à Tunis : la France avait organisé un réseau d'escales commerciales, les *Echelles du Levant et de Barbarie*, qui jalonnaient le pourtour de la Méditerranée. Tunis, avec Alger et Tripoli, faisait partie des *Echelles de Barbarie*. Aussi accueillait-elle, entre autres Européens, des négociants français, des patrons de navires avec leurs équipages, ainsi que les artisans nécessaires à ces activités et à la vie des hommes. Les républiques italiennes et Raguse, entre autres, avaient connu un développement similaire : l'implantation des Européens à Tunis, en nombre croissant, devait être à l'origine de la *ville moderne*.

La ville ancienne et le Quartier franc

La ville ancienne et les Européens (XVIe-XVIIIe siècles)

Retrouver le processus qui conduisit à la naissance de la ville moderne passe d'abord par une approche, même superficielle et brossée à grands traits, de la médina : l'histoire des deux parties de l'ensemble urbain de Tunis est inséparable.

Un plan schématique présenté par l'historien Jacques Revault en 1984, et qui semble établi d'après les récits de certains envoyés ou voyageurs qui passèrent à Tunis aux XVIIe et XVIIIe siècles, donne un aperçu de cette ville ancienne : elle est de forme ovale, enclose dans une première muraille qui délimite la médina proprement dite et une deuxième muraille enserrant les *rebats* de Bab-Djazira et Bab-Souika, faubourgs qui se développèrent dès le Moyen Age, au nord et au sud, lorsque la cité devint trop exiguë.

Les Capitulations signées entre la France et l'Empire ottoman au XVIe siècle avaient pour but de protéger le commerce chrétien en Méditerranée. Mais les régences de Barbarie, cherchant à s'affranchir de la tutelle de la Turquie, ne respectaient ces traités que s'ils étaient également signés avec elles. Aussi le roi de France dépêchait-il, de temps à autre, des envoyés extraordinaires, appuyés au besoin par des canonnières. C'est ainsi qu'au XVIIe siècle, le chevalier Laurent d'Arvieux arriva à Tunis pour la ratification d'un de ces traités. Il fit, en 1666, le récit de ce séjour, donnant en particulier une longue description de Tunis, aujourd'hui précieuse. Il y note que la cité a environ deux lieues de circonférence « *y compris les faubourgs qui sont presque aussi grands que la*

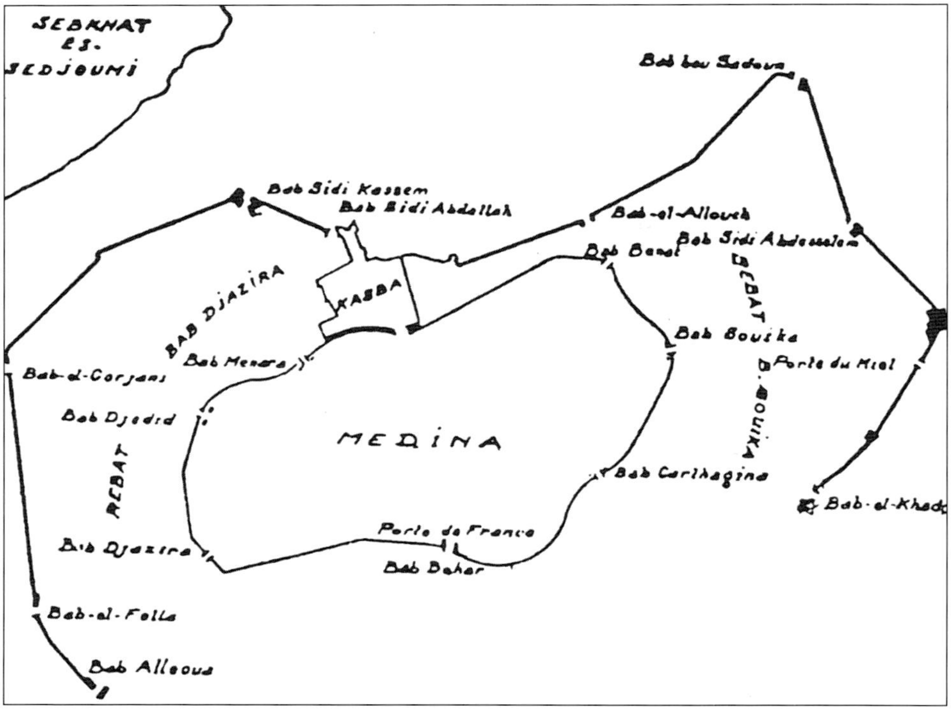

Plan schématique de la médina de Tunis et des faubourgs. (Plan publié par Jacques Revault, Le fondouk des Français, *1984.)*

ville ». Cette dernière, écrit-il, est située dans une plaine à trois lieues de la mer, et environ autant de « *l'ancienne et fameuse* » ville de Carthage. Elle est séparée de la côte par « *un étang d'eau de la mer [...]* ». Il est à peu près admis aujourd'hui que la ville de Tunis, aux XVIIe et XVIIIe siècles, faisait 5 à 6 km de circonférence.

S'arrêtèrent également à Tunis, plus ou moins longtemps, entre le XVIe et le début du XIXe siècle, religieux, savants, écrivains, voyageurs, dont certains laissèrent des relations de leur passage. Au XVIIIe siècle, par exemple, le médecin et naturaliste Peyssonnel y fit un séjour d'étude en 1724-1725 : il écrit que la ville est « *sise sur le doux penchant d'une colline, de sorte que ce n'est qu'en quelques endroits où l'on s'aperçoit que l'on monte et que l'on descend* ». Un autre naturaliste, Desfontaines, de passage à Tunis en 1783, avait lui aussi noté cette situation géographique de la ville, « *sur la pente et au pied d'un coteau qui regarde l'orient, tout près d'un lac [...]* ».

Desfontaines avait décrit « *les maisons, blanches comme la neige et disposées en amphithéâtre* » que l'on apercevait à une grande distance du côté de l'est et qui offraient, *« dans le lointain, un ensemble très agréable et très pittoresque »*. Beaucoup ont mentionné ces maisons, fort basses, dont certaines seulement avaient un étage, rarement plus, avec des toits en terrasses, sur lesquelles les habitants prenaient le frais en été.

La médina était le centre économique de cette agglomération : autour de la Djemâa-Ez-Zitouna, les boutiques des artisans occupaient l'espace, regroupées par métiers dans un réseau serré de ruelles, formant les *souks* que les Européens appelèrent d'abord *bazars*, mot d'origine persane. Un capitaine de navire anglais, Robert Ellyat, qui, au tout début du XVIIe siècle, fut pendant quelques années esclave à Tunis, a laissé, en langue italienne, une relation de son séjour : il y note qu'au *« bazar, ou marché »* on vend toutes sortes de marchandises, soie, toile fine de toutes couleurs, raisins secs, figues sèches, cuirs, cire, miel, quantité de grains et de légumes, et de nombreux bestiaux, chevaux, chameaux, bœufs, moutons, volatiles, *« dont la ville est très bien fournie, et à bon prix »*, concluant que *« Tunis est riche et puissante »*.

Pendant la journée, surtout le matin, ces lieux étaient très animés : en dehors des populations autochtones, les commerçants chrétiens y avaient également accès. L'un d'entre eux, Nicolas Béranger, établi à Tunis entre la fin du XVIIe et le début du XVIIIe siècle, a laissé une abondante correspondance, adressée à ses commissionnaires marseillais. Il en ressort qu'il exerçait librement ses activités et que seuls des événements extérieurs pouvaient les troubler. Il note ainsi, en 1694, que les affaires sont dans le marasme le plus complet, car *« les bazars »* de Tunis sont presque tous fermés : la ville est désertée à la suite de l'enrôlement des artisans, à cause de la guerre qui se prépare contre la régence voisine d'Alger.

Desfontaines, à la fin du XVIIIe siècle, précise que les Tunisiens sont tolérants, habitués à voir beaucoup d'étrangers de différentes nations avec lesquels ils commercent depuis toujours : *« Les chrétiens sont traités à Tunis avec douceur, et même avec des égards. »* Cependant, ils doivent prendre garde à ne pas contrevenir aux usages du pays sur deux points : la religion et les femmes. Il ne faut pas parler de religion, sous peine de voir ses paroles mal interprétées, et n'avoir aucun contact avec les musulmanes : un capitaine de navire ragusain, surpris alors qu'il pénétrait dans la maison d'un juif où des femmes du pays s'étaient introduites, fut aussitôt condamné à mort et massacré ; l'une des femmes, déclarée coupable, fut enfermée dans un sac et noyée ; quant au juif, il fut brûlé : *« et nous vîmes de nos fenêtres s'élever les flammes qui le consumèrent »*, rapporte le naturaliste.

Dans la partie haute de la médina, au sud-ouest, assurant la protection de la ville du côté des terres, s'élevait la kasbah, citadelle militaire et siège du pouvoir ; tout autour, au fil du temps, s'étaient édifiées les demeures de l'élite politique et sociale du pays. Le chevalier d'Arvieux a laissé une longue description de la kasbah, que les étrangers appelaient le Château : ce sont les rois arabes, dit-il, qui ont fait bâtir ce « *palais* », grand et spacieux, mais sans aucune architecture particulière parce qu'il a été construit à plusieurs époques, sans ordre. Il ne lui trouve rien d'une forteresse, ajoutant qu'il sert de murs à ce côté de la ville et qu'il ne possède que quelques pièces de canon.

Les beys husseinites, vers 1710, transférèrent le siège du gouvernement et leurs lieux de vie hors les murs, dans un palais de la plaine du Bardo, dont ils firent une véritable ville.

Ancienne entrée du Bardo, 1903.

Les bâtiments de la kasbah souffrirent de cet abandon : il ne reste plus aujourd'hui que la mosquée de la Kasbah, construite au XIIIe siècle.

Tous les Occidentaux qui laissèrent une description de la ville ancienne de Tunis mentionnent ses mosquées, « *fort nombreuses* », puisqu'on en dénombre plus de deux cents au XVIIIe siècle, sans compter « *une infinité de particulières* », c'est-à-dire de lieux de culte privés. Certains ne leur trouvent rien de bien notable sur le plan de l'architecture, d'autres au contraire soulignent la légèreté, l'élégance des minarets qui « *présentent des formes très variées, et s'élèvent souvent à de grandes hauteurs* ». Le chevalier d'Arvieux signale que « *l'église des olives* » (il veut dire la Djemâa-Es-Zitouna ou mosquée de l'Olivier) est la plus importante d'entre elles et qu'on la nomme ainsi « *parce que le revenu de cette mosquée est en huile* » : il explique de cette manière que son fonctionnement était assuré par des fonds provenant d'oliveraies ou de la vente d'huile d'olive (biens *habous* constitués au profit de la mosquée).

D'autres avancent des explications moins rationnelles : peu après la mort de Mahomet, le premier conquérant arabe qui arriva à Tunis pénétra dans la cour intérieure d'un édifice où prospérait un olivier. Aussitôt, l'arbre se mit à scintiller, touché par un faisceau lumineux venant du ciel. C'est à cet emplacement que fut construite la Djemâa-Es-Zitouna, très vite entourée de « *bazars* », dont le premier fut le souk des parfums. Ainsi les fidèles, entrant et sortant, se trouvaient enveloppés d'effluves qui élevaient leur âme et les purifiaient.

La Djemâa-Es-Zitouna, grande université musulmane, est depuis longtemps célèbre pour la richesse de sa bibliothèque.

L'historien-philosophe Ibn Khaldoun est né à Tunis en 1332.

Le Souk-el-Attarine et l'entrée de la Grande mosquée.

A partir de la fin du XVIIe siècle, les voyageurs et marchands occidentaux purent voir une autre mosquée, nouvellement construite, et la seconde en importance de la ville : la mosquée Sidi-Mahrès. D'inspiration ottomane, à coupoles, elle perpétue le souvenir d'un saint homme qui, au Xe siècle où il vécut, s'occupa de la reconstruction de la ville, ruinée par une insurrection dévastatrice, et assura, entre autres, dit-on, l'installation des juifs dans un quartier réservé de la médina, la Hara.

Les deux murailles qui enserraient l'une la médina proprement dite, l'autre les faubourgs de Bab-Djazira et Bab-Souika étaient percées de portes. Nombreuses, elles témoignaient de l'activité commerciale de Tunis, qui s'ouvrait largement sur la campagne environnante et le pays tout entier. Fermées le soir, elles assuraient la protection de la ville, que sa position géographique rendait vulnérable.

L'une des portes les plus connues, dans la deuxième enceinte, est, au nord, celle de Bab-el-Khadra, la porte de la Verdure ou des Champs, ainsi nommée parce qu'elle ouvrait sur des espaces maraîchers et des prairies verdoyantes. A la fin du XIXe siècle, comme elle était trop étroite pour la circulation qui s'y développait, elle fut remplacée par un ensemble architectural à deux entrées.

Une autre porte, qui intéressait particulièrement les Européens établis à Tunis, était Bab-el-Bahr, la porte de la Mer, celle qui devint la porte de France à l'époque du Protectorat. Aménagée dans la première enceinte, elle ouvrait à l'est de la médina, en direction du lac Bahira, ou lac de Tunis, séparée de ce dernier par une zone marécageuse.

C'est dans cette partie basse de la ville, probablement *extra-muros* jusqu'au XVIe siècle, que vivaient les communautés chrétiennes minoritaires : en particulier ces Provençaux, Languedociens et autres nationaux des Républiques italiennes qui séjournaient à Tunis pour des raisons commerciales et avaient installé leurs entrepôts à cet endroit. Des barques venaient charger et décharger les marchandises, faisant la navette jusqu'aux navires ancrés au port de La Goulette, puisque Tunis n'était pas accessible aux navires de haute mer. On passait de la médina, des souks en particulier, aux lieux où vivaient les chrétiens par la porte de la Mer ; par ailleurs, de part et d'autre de celle-ci, dans des masures accolées aux murailles, croupissait une petite population d'Européens conduits là par la misère ou l'esclavage.

Dans ce quartier hors les murs, situé en bordure de la lagune, les eaux usées et les détritus de la médina s'accumulaient. Certains voyageurs ont décrit ces lieux : l'un d'eux, au XVIIe siècle, a parlé « *des fossés qui servent d'égouts à tous les privés de la ville* », de ces endroits « *qui répandent une puanteur horrible, qui incommode extrêmement les maisons voisines des murailles, et ceux qui se promènent aux environs de la ville* ».

Ce quartier installé hors les murs prit le nom de *Quartier franc* mais, au milieu du XVIIe siècle, il se développa à l'intérieur de la ville ancienne, toujours dans la partie basse, de l'autre côté de Bab-el-Bahr. C'est en effet l'ouverture d'un consulat de France, par Henri III en 1577, qui fit peu à peu évoluer la situation : en 1660, le Divan, gouvernement de la Régence, fit construire, *intra-muros*, sur les instances du Père Le Vacher, consul de France à Tunis de 1648 à 1667, une vaste demeure, le *fondouk des Français*. Les marchands français s'y regroupèrent autour du consul, avec les services nécessaires à leur existence et à leur protection, y installant aussi leurs entrepôts de marchandises.

Le fondouk des Français (1660-1860) : origine de l'ambassade de France à Tunis

La plupart de ceux qui passent aujourd'hui devant l'ambassade de France à Tunis, place de l'Indépendance, face à la cathédrale, sont certainement loin d'imaginer la densité de l'histoire qui a marqué cette institution : tout à fait particulière, elle symbolise non seulement plusieurs siècles de relations diplomatiques et commerciales entre la Tunisie et la France mais elle a été le facteur déterminant, appuyé par d'autres conjonctions secondaires, de la fondation de la *ville nouvelle*.

Le Quartier franc, en se développant, devint une véritable enclave européenne dans la partie basse de la ville. C'était en premier lieu le quartier des fondouks : les Français, en effet, ne furent pas les seuls à vivre à Tunis suivant ce mode de vie.

Fondouks, caravansérails, khans, oukalas, ces regroupements de populations commerçantes faisaient partie de l'organisation de la vie quotidienne en Orient, protégeant et isolant à la fois les minorités installées dans ces pays ; on y logeait, on y entreposait les marchandises, on venait de l'extérieur y commercer : le fondouk des Français correspondait bien à ce schéma, comme le fondouk des Anglais et des Hollandais, bâti, semble-t-il, quelques années auparavant ; un autre, celui des juifs, était constitué uniquement par des entrepôts, puisqu'ils avaient obligation de loger dans le quartier de la Hara, situé dans le voisinage du Quartier franc.

C'est encore le chevalier d'Arvieux qui a laissé, dans son récit de voyage à Tunis, en 1666, une description incontournable de ces bâtiments et en particulier du fondouk des Français : *« Il n'y a que trois fondouks ou fondiques dans la ville [...] Le troisième, qui est le plus grand et le plus beau, est occupé par les Français. [...] »*

Mais ce fondouk s'avérant trop petit, le Divan octroya aux Français un second bâtiment contigu, que l'on appela le fondouk des négociants. L'ensemble conserva le nom de fondouk des Français : le consul et les services du consulat restèrent dans le premier bâtiment avec certains marchands ; les autres allèrent occuper, en y installant leurs magasins, ce nouveau corps de logis qui communiquait avec le premier par une porte intérieure.

Soixante-dix consuls de France se succédèrent à Tunis pendant les trois siècles de la période capitulaire (1577-1881). Parmi eux abondent les fortes personnalités qui eurent à affronter les situations les plus diverses, comme par exemple le premier occupant du fondouk des Français, celui pour qui le Divan fit construire l'édifice, en 1660, le Père Jean Le Vacher. Lazariste, de l'ordre des Prêtres de la Mission, il fut nommé consul de France à la suite de circonstances particulières, pour veiller au salut, corps et âmes, des esclaves chrétiens victimes de la course.

Il est à noter que, pendant la période des Capitulations, au sein de l'organisation des Echelles, les représentants de la France étaient des *consuls*. Seul celui qui était en poste à Istanbul, auprès du sultan, portait le titre d'*ambassadeur*.

On connaît avec précision l'emplacement du fondouk dans le Quartier franc, puisqu'il existe encore : délimité par des voies de communication étroites, la rue du Rempart (ou des Glacières) et la rue de l'Ancienne Douane (du Consulat), il se trouvait en arrière du fondouk des Anglais qui, mieux situé, donnait sur la place de la Bourse (place de la Victoire depuis l'indépendance du pays). De cette place, fermée à l'est par la porte de la Mer, Bab-el-Bahr, on accédait, en droite ligne, au lac Bahira et à la darse où accostaient les petites embarcations à fond plat qui allaient et venaient, portant leurs charges de Tunis à La Goulette : le Quartier franc restait donc situé dans la partie basse de la ville mais il avait été officiellement établi, et pour deux siècles, à l'intérieur même de la médina.

Les deux parties du fondouk des Français constituaient un vaste ensemble qui, selon l'historien Jacques Revault, comprenait environ 94 pièces : chaque bâtiment était organisé autour d'une cour intérieure, avec entrepôts au rez-de-chaussée et pièces diverses au premier étage, desservies par une galerie, suivant la description de Laurent d'Arvieux. Sur les toits en terrasse qui les couvraient, comme toutes les demeures de la ville ancienne, s'élevait, par endroits, un deuxième étage d'habitations. La partie réservée au consulat comprenait en outre boulangerie, écurie, prison même, poste de garde des janissaires chargés d'assurer la sécurité du fondouk, chapelle et sacristie, chancellerie. Le deuxième fondouk abritait les logements des négociants, jamais bien nombreux à vivre en ces murs, et leurs magasins, voûtés eux aussi, au rez-de-chaussée. Le fondouk des Anglais était organisé à peu près sur le même modèle : c'est le Divan, à la demande des deux nations, qui avait fait construire ces édifices, sur lesquels la Régence de Tunis percevait un loyer. En effet, les étrangers ne pouvaient pas être propriétaires de biens fonciers dans ce pays.

La chapelle, dédiée à Saint Louis, et la chancellerie étaient les lieux les plus symboliques du fondouk : la pratique de la religion constituait un fait important aux yeux des musulmans qui, s'ils considéraient les chrétiens et les juifs comme des inférieurs, respectaient en eux les *« Gens du Livre »*, les fidèles des deux autres religions révélées. Quant à la chancellerie, elle contribuait, dans la réalité quotidienne, à marquer l'importance de la situation de la France à Tunis : les chrétiens de toutes nations, les Turcs eux-mêmes, les Mores et les juifs de la Régence venaient y faire enregistrer les actes les plus divers. Ces derniers étaient reconnus non seulement dans le pays et les territoires ottomans, mais auprès de toutes les juridictions d'Europe. Aucune autre chancellerie à Tunis n'offrait cette garantie.

Le fondouk était le point de ralliement des gens de mer, patrons de navires avec leurs équipages, qui venaient y loger ou commercer. Mais cet hébergement était source de problèmes, et pour les résoudre le consul autorisa l'ouverture d'une auberge en 1692. Elle semble avoir donné satisfaction un certain temps, mais peu à peu les choses se dégradèrent : d'une part, elle occupait beaucoup de place, obligeant certains négociants à loger à l'extérieur, d'autre part elle fut parfois le théâtre de débordements qui troublaient la tranquillité des lieux. Aussi fut-elle fermée vers 1777. En 1779, le bey accorda une maison au consul de France, à l'extérieur du fondouk, pour y ouvrir une autre auberge, à l'usage des capitaines marchands et de leurs hommes.

La longue existence du fondouk des Français dans le Quartier franc de la médina ne fut pas toujours paisible. Il y eut d'abord les épidémies de peste qui ravageaient périodiquement la Régence et faisaient se replier dans leurs fondouks ces minorités frappées par la peur de la contagion et de la mort, comme toux ceux qui vivaient ces jours difficiles.

Le calme du fondouk était perturbé de temps à autre, aussi bien du fait de ses propres nationaux que des événements extérieurs.

Par exemple, à la révocation de l'édit de Nantes, en 1685, certains négociants protestants, qui commerçaient dans l'Echelle depuis longtemps, s'en allèrent loger chez le consul d'Angleterre, demandant sa protection. Cette attitude faisait d'eux des traîtres à leur nation, particulièrement dans ce pays où la rivalité de la France et de l'Angleterre était exacerbée.

Il y eut aussi les intrigues des Capucins italiens logés au fondouk et qui avaient été chargés du service de la chapelle Saint Louis. Ils s'obstinaient à chanter les offices au nom de l'empereur d'Allemagne, au lieu de réciter *« les prières accoutumées pour le Roi »*, protecteur de tous les chrétiens en pays musulman. Les Capucins finirent par être expulsés du fondouk au milieu du XVIIIe siècle mais ils avaient auparavant souvent troublé l'atmosphère des lieux.

Deux événements, l'un au XVIIe siècle, l'autre au XVIIIe, mirent l'édifice en péril jusqu'à menacer son existence même.

Le 29 juillet 1693, à l'aube, éclata un grave incendie à partir de balles de laine entreposées dans les magasins des négociants : les flammes, attisées par le vent, se propagèrent à grande vitesse et les secours, pourtant venus sans tarder, ne purent empêcher la destruction de presque tout l'ensemble, aussitôt envahi, de surcroît, par les pillards. Presque tous, consul en tête, trouvèrent refuge au consulat d'Angleterre, lui-même menacé au plus fort de l'incendie. Le consul fut relogé par le bey dans une maison particulière, jusqu'en 1711, date à laquelle le fondouk des Français, reconstruit plutôt que restauré, retrouva ses fonctions.

Le pillage du fondouk fut le deuxième événement qui ravagea ces locaux lors du sac de Tunis en 1756 : Ali-Pacha avait fait périr son oncle Hussein-Bey, le fondateur de la dynastie, en 1735, et usurpé le trône aux fils de ce dernier, Mohamed et Ali, qui se réfugièrent dans la Régence voisine. En janvier 1756, des bruits de guerre parvenaient jusqu'à Tunis : les Algériens se préparaient à aider les deux frères dans leur reconquête du pouvoir et ils envahirent Tunis début septembre. Un sac impitoyable commença, qui n'épargna pas le fondouk des Français, contrairement à celui des Anglais. Les ennemis forcèrent la porte à grands coups de hache : tous les occupants du fondouk se sauvèrent, par les terrasses, jusqu'au consulat d'Angleterre. Le danger fut extrême, puisque les derniers Français qui quittèrent les lieux, avec le consul, furent poursuivis à coups de fusil et ne durent leur salut qu'au hasard.

Une autre période troublée pour le fondouk furent les années de la Révolution, en particulier lors du séjour qu'y fit un inspecteur des Echelles, Herculais. Envoyé du Directoire, il avait pour mission de surveiller la bonne application des règlements. En 1796, au nom du nouvel ordre des choses, il fit entre autres fermer la chapelle, à la consternation du consul qui tenta en vain de lui expliquer que la renonciation à la religion, en pays d'islam, était un acte diplomatique et équivalait à une perte d'influence. Rien n'y fit. Irrité par la résistance du consul, il finit par lui conseiller de dresser un autel dans un coin de l'écurie, afin que ceux qui voudraient entendre la messe puissent y faire leurs dévotions. Il fallut attendre l'arrivée au pouvoir de Napoléon Bonaparte pour que la réouverture de la chapelle fût envisagée. Après restauration, elle fut solennellement rétablie en 1804, lors d'une journée de festivités marquée par une grand-messe et un dîner : y assistèrent les personnalités civiles et religieuses des nations européennes présentes à Tunis.

Un des moments les plus critiques que vécurent les Français à Tunis pendant la période consulaire, dite des Capitulations, fut certainement celui qui suivit la campagne d'Egypte, entre 1798 et 1800. Une grande effervescence s'était produite dans la ville quand parvint la nouvelle de l'expédition de Bonaparte et seule l'attitude plutôt modérée du bey Hamouda évita pillages et massacres à l'encontre des Français : le bey désirait à la fois éviter l'affrontement direct avec la France et la colère d'Istanbul, l'Egypte étant un pays de suzeraineté ottomane. Il cherchait à gagner du temps : le sultan réclamait en effet le déplacement de tous les Français de l'Echelle vers Istanbul. Hamouda se contenta de les consigner pendant vingt mois au fondouk où, avec le consul et son personnel, les négociants et autres nationaux se retrouvèrent enfermés.

Le siège et la prise d'Alger, de 1828 à 1830, furent une autre période délicate pour le consul et les nationaux du fondouk, mais les sentiments francophiles affichés par le bey de l'époque maintinrent le calme autour des Français.

L'entretien des locaux incombait à la France : en 1773, le consul faisait savoir à son ministre que le fondouk avait besoin de réparations importantes et d'agrandissement ; en 1827, d'autres réparations s'avérèrent urgentes : une importante remise en état fut alors entreprise, la dernière avant que le fondouk ne fût désaffecté, en 1860.

*Evolution du Quartier franc au XIX*e *siècle* (1840-1881)

De tout temps, les Français de l'Echelle ne logèrent pas tous au fondouk : quelques-uns préféraient vivre dans des maisons louées à des Tunisiens, sans la sécurité du fondouk mais hors de la promiscuité qu'il engendrait. Par ailleurs, le petit peuple, Italiens et Maltais surtout, s'installait où il pouvait, souvent dans des habitations misérables adossées aux remparts, à l'extérieur de Bab-el-Bahr. Certaines autres familles européennes, enrichies dans le négoce, firent construire de belles demeures, toujours dans ce quartier *intra-muros* : en effet, depuis 1857, la promulgation d'une nouvelle constitution, le *Pacte fondamental*, autorisait les chrétiens à acheter des biens-fonds dans ce pays. Au milieu du XIXe siècle, la population européenne de la Régence était estimée à environ 12 000 personnes : 6 000 à 7 000 Maltais, moins de 4 000 Italiens et 50 à 60 familles françaises pour toute la Tunisie ; l'essentiel de cette population se concentrait dans la capitale.

On peut se faire une idée précise du Quartier franc, également appelé Quartier européen, au cours du XIXe siècle, à partir d'un plan dressé par un membre d'une des plus anciennes familles de Tunisie, Marcel Gandolphe, et paru dans un ouvrage collectif sur *L'Histoire de la ville de*

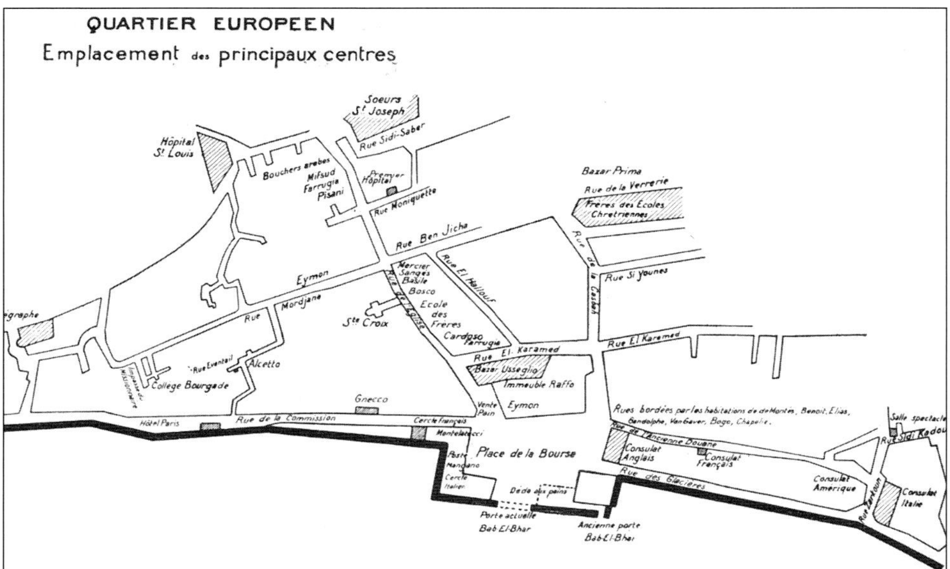

Médina. Le Quartier européen. (Plan de Marcel Gandolphe, Histoire de la ville de Tunis, *1924.)*

Tunis, en 1924. Le service cartographique de l'armée, en Algérie, aida à la réalisation de ce document.

Sur ce plan, on repère Bab-el-Bahr, puis la place de la Bourse, sur lesquels donnaient les consulats anglais et français, prolongés par ceux d'Amérique et d'Italie. De l'autre côté de la rue de l'Ancienne Douane, comme en bordure de la rue de l'Eglise, s'élevaient les demeures de quelques-unes des grandes familles qui vivaient à Tunis avant l'établissement du protectorat (1881). On note aussi la rue de la Commission, ainsi nommée parce qu'à partir de 1869 y siégea la Commission financière internationale chargée de gérer les finances de l'Etat. Les riches familles anglo-maltaises avaient aussi pignon sur rue, plus à l'ouest, dans ce quartier.

Des écoles chrétiennes y furent très tôt ouvertes et d'abord une des premières en Tunisie, rue Sidi-Saber, tenue par les sœurs de Saint-Joseph. Elles s'occupaient de soins aux malades et d'enseignement. Cette congrégation fut très active dans toute la Tunisie, où les religieuses ouvrirent des dispensaires et de nombreuses écoles. Celle de la rue Sidi-Saber, remaniée et agrandie avec le temps, forma de nombreuses jeunes filles de toutes nationalités, sur plusieurs générations.

A l'extrémité sud du Quartier franc, un collège de garçons ouvrit en 1841 : le collège de l'abbé Bourgade. Puis s'ajoutèrent deux établissements fondés en 1855 et 1858 par les frères des Ecoles chrétiennes et quelques écoles italiennes : les enfants européens de Tunis, même pauvres, n'étaient pas laissés dans l'ignorance.

Tunis. Ecole Saint-Joseph, rue Sidi-Saber : religieuses de la congrégation Saint-Joseph-de-l'Apparition et quelques élèves en 1930. (Fonds Lhospital-Niemtchinow.)

Elève jouant du violon sur les terrasses de l'école Saint-Joseph, rue Sidi-Saber, en 1931. Vue panoramique de la médina avec à gauche le minaret de la Grande mosquée. A l'arrière-plan se devinent d'autres minarets. (Fonds Lhospital-Niemtchinow).

La rue de l'Eglise traversait le Quartier franc d'est en ouest, partant de la place de la Bourse : elle tirait son nom d'un lieu de prière, la chapelle Sainte-Croix, plus tard église, ouverte par Jean Le Vacher pendant son consulat. Le service du culte chrétien fut, à partir du XVIIe siècle, assuré en plusieurs endroits : d'abord à la chapelle Saint Louis, au fondouk des Français, et à la chapelle du cimetière chrétien hors les murs, Saint-Antoine, pour le service des défunts ; ensuite dans chacun des treize bagnes de Tunis où étaient détenus les esclaves chrétiens : une de ces chapelles devint l'église Sainte-Croix ; une autre avait été installée dans le palais même du Bardo, pour les captifs au service du bey. Le nombre des bagnes diminua avec le temps, jusqu'à disparaître à l'abolition de la course et de l'esclavage des chrétiens, en 1830.

On peut voir encore, sur ce plan de Marcel Gandolphe, l'emplacement de l'hôpital Saint Louis, celui des bureaux du télégraphe, la poste, située place de la Bourse, un bazar à l'européenne, où l'on vendait les nouveautés de la mode. Il y eut même, tout à l'opposé, au nord-est du Quartier franc, une salle de spectacles où se produisirent des troupes italiennes,

Médina. Entrée de l'église Sainte-Croix, 1954.
(Fonds prélature de Tunis,
Revue Tunisie touristique, *1954.)*

comédiens ou chanteurs d'opéra, dès 1842 : autant de lieux et d'institutions qui marquèrent l'accroissement de l'influence européenne à Tunis tout au long du XIXe siècle. L'ouverture de nouveaux consulats était à elle seule un signe de l'évolution sociologique et économique de cette partie basse de la médina : selon le mot de l'urbaniste Jellal Abdelkafi *« l'étroit Quartier franc des vieilles familles de commerçants marseillais et génois »* s'était transformé *« en quartier des nations chrétiennes »*.

Entre les années 1860 et 1880, résidaient à Tunis une dizaine de négociants français, avec leurs familles, à peu près tous originaires du sud de la France, de Marseille en particulier. Du côté des Italiens, les riches négociants formaient également une dizaine de familles. Il convient d'ajouter à ces groupes, Français et Italiens confondus, quelques avocats, médecins, conducteurs de travaux. L'ensemble de la *« bonne société »* européenne de Tunis atteignait le total d'une trentaine de familles, en y incluant celles des dignitaires chrétiens de la cour beylicale, comme le comte Raffo et Elias Mussali, ou les Bogo. Ces familles, en relation d'affaires, avaient contracté entre elles de nombreuses alliances matrimoniales et presque tous les négociants français avaient épousé des Italiennes.

Cette bourgeoise européenne, qui vivait dans l'ancien Quartier franc de Tunis, apparaissait comme très raffinée aux visiteurs qui y étaient accueillis : Henri Dunant, le fondateur de la Croix-Rouge, de passage dans la Régence en 1856-1857, en a laissé une description significative. Il parle d'une société *« fort choisie »*, instruite, hospitalière. Les femmes y sont belles, parlent plusieurs langues, se font apprécier pour leur amabilité. Aussi, les visiteurs de marque, quel que soit leur rang, leur science ou leurs talents, tiennent à y être reçus. Dunant signale que l'hiver 1856 a été *« fort brillant »* en mondanités, citant les réceptions chez le comte Raffo et au consulat de France, encore installé rue de l'Ancienne Douane, au fondouk des Français. Cette société, précise-t-il, unit *« au luxe de l'Orient toutes les ressources de la société en Europe »*.

Tunis était déjà au début du XIXe siècle une ville très cosmopolite, dont le voyageur anglais Thomas Mac Gil estima la population à 150 000 âmes en 1811 ; mais, en 1860, cette même population n'était plus estimée qu'à 90 000 habitants : 60 000 musulmans, 20 000 juifs, 10 000 chrétiens, qui occupaient à peu près un millier d'habitations. Alexandre Dumas, qui fit un séjour à Tunis en 1847, mentionne que beaucoup de ces maisons étaient en ruine et que certains quartiers semblaient à l'abandon : la Tunisie connut, en effet, au XIXe siècle une forte baisse démographique, due, parmi d'autres facteurs, à de mauvaises conditions climatiques, à des épidémies calamiteuses, à une pression fiscale trop lourde qui accrut misère et famine.

Quoi qu'il en soit, une nouvelle organisation de la ville s'avéra nécessaire. Aussi, le 30 août 1858, Mohammed-Bey créa-t-il la municipalité de Tunis, *« instituée pour l'utilité générale des habitants du pays »*. A partir de cette date, la modernisation de la ville prend son essor, en partie liée au développement du quartier européen entre la médina et le lac Bahira : quelque temps plus tard, le bey décide de laisser ouverte Bab-el-Bahr nuit et jour afin de faciliter échanges et communications de part et d'autre de la porte de la Mer. Au-delà de cette dernière, en effet, ne s'élevaient pas que des masures de pauvres gens : l'année 1860 est marquée par l'ouverture d'un nouveau consulat de France, hors les murs, sur l'un des côtés d'un terre-plein qui s'apprêtait à devenir un lieu de promenade apprécié des Européens, *la Marine*.

C'est le consul Léon Roches qui avait obtenu de Mohammed-Bey la construction du nouveau consulat, en même temps d'ailleurs qu'une résidence d'été à La Marsa. Cet édifice, plus tard la Résidence générale, fut le plus bel ensemble consulaire de Tunis : construit sur les plans d'un architecte français, il fut inauguré en 1861 en présence du bey Mohammed-es-Sadok. Plus tard, en 1889, le pavillon central fut restauré, puis le tout complété et agrandi : le mur de clôture et la grille, ainsi que deux ailes latérales, s'y ajoutèrent entre 1890 et 1892.

Vue d'ensemble de la résidence.

Ce nouveau consulat renforça le prestige de la France aux yeux des autres nations étrangères, de l'Angleterre en particulier qui, ne voulant céder en rien sur le plan diplomatique, voulut avoir aussi sa résidence d'été, ce qu'elle obtint un peu plus tard, alors que le consulat d'Angleterre était reconstruit : le vieux fondouk des Anglais avait été transformé sur le modèle des hôtels particuliers de style italien, hauts de plusieurs étages, qui s'élevèrent çà et là dans le Quartier franc, tout près de la porte de la Mer, en cette seconde partie du XIXe siècle.

Le transfert du consulat de France hors du Quartier franc, où depuis plus de deux siècles avaient été regroupés les consuls étrangers, marqua une véritable révolution dans les usages, avec des conséquences importantes : c'est autour de la Maison de France, autre appellation du consulat, que s'édifia peu à peu la ville moderne de Tunis. L'ancien fondouk des Français revint au gouvernement du bey auquel la France le louait.

L'amorce du développement de la ville nouvelle, à Tunis, après 1860, est le résultat d'une immigration italienne et maltaise plus importante ; à partir de 1870, les Italiens arrivent plus nombreux, au point que, vingt ans plus tard, ils ont à peu près doublé leur population, laissant loin derrière eux Français et Maltais (1891 : 21 016 Italiens ; 9 973 Français ; 11 706 Maltais).

Place de la Bourse et consulat d'Angleterre (au centre). (Fonds Sauveur Farrugia.)

Dans cet espace urbain en mutation, il fallut régler le problème de l'approvisionnement en eau. Pour cela, restaurer, parfois reconstruire, l'ancien aqueduc d'Hadrien, long de plus de 100 kilomètres, qui amenait l'eau des sources du djebel Zaghouan ; puis aménager fontaines et réservoirs. Une installation d'eau potable fut réalisée en 1865 ; fut aussi remise en état une partie du système hydraulique ancien, qui comprenait de nombreuses citernes près de Carthage, point terminal en bord de mer. L'ensemble de ces restaurations et constructions avait été confié à des ingénieurs français.

Le Quartier franc évoluait du point de vue sociologique parce que la population européenne qui y vivait se transformait. Un simple regard sur les professions exercées par les Européens à Tunis dans la deuxième partie du XIXe siècle suffit à déceler cette évolution : on peut en faire l'observation à partir des actes passés à la chancellerie du consulat de France pendant les années qui précèdent l'établissement du protectorat. Il n'y avait plus seulement le personnel consulaire, les négociants et les corps de métiers traditionnels à Tunis et nécessaires à la vie d'une petite communauté. On voit, au contraire, apparaître des professions inconnues jusque-là, liées, entre autres causes, aux efforts de modernisation entrepris par Ahmed-Bey afin de sortir la Tunisie de ses structures traditionnelles.

Cette volonté de modernisation se traduisit, par exemple, dès 1838-1840, par la création d'une Ecole polytechnique au Bardo, ou par le recrutement et l'équipement d'une armée (plus de 20 000 hommes prévus) à partir de la même époque. Par ailleurs, la Tunisie s'équipa en technologies nouvelles : il y eut l'implantation d'un réseau télégraphique, mis en service en 1862, avec la pose d'un câble sous-marin qui assura dès 1865 la liaison Tunis-Marseille ; la construction et l'exploitation d'une ligne de chemin de fer, de Tunis à la frontière algérienne, dans les années 1870-1875 ; le développement des Messageries maritimes avec la liaison postale entre Marseille, l'Algérie et la Tunisie, pour ne citer que quelques aspects de cette modernisation. Les Européens, les Français en particulier, formèrent les cadres de ces nouvelles institutions.

Il faut mentionner, en 1875, dans cet esprit d'ouverture au monde contemporain, une création remarquable qui forma pendant des décennies une grande partie de l'élite tunisienne : le collège Sadiki. Il eut pour objectif de former les jeunes Tunisiens aux sciences profanes et aux langues étrangères, enseignement d'un type nouveau dont avait besoin *« la nation musulmane pour la gestion de ses affaires, en conformité avec la loi islamique »*.

Cependant, entrepris sans les moyens financiers nécessaires, ce programme entraîna le pays dans des emprunts ruineux, auxquels, dès

Le collège Sadiki en 1920. (Fonds Sauveur Farrugia.)

1865, il lui fut impossible de faire face. Après de nombreuses péripéties, marquées par l'action d'intermédiaires sans scrupule, la France, l'Angleterre et l'Italie mirent sur pied en 1869 une commission chargée d'administrer les finances de la Tunisie, lesquelles échappèrent totalement au bey. Au sein de cette tutelle économique, les trois nations se livrèrent à une lutte d'influence sans merci que le vent de l'histoire fit tourner au bénéfice de la France une décennie plus tard : le 12 mai 1881, elle établissait son protectorat sur la Tunisie. Cet événement allait provoquer une expansion sans précédent de la ville de Tunis : même si, tôt ou tard, présence française ou pas, la ville ancienne était déjà programmée pour croître au-delà de ses limites, c'est l'augmentation de la population européenne, à partir de 1881, qui fut le facteur historique du développement de la ville moderne. Elle s'ancra naturellement autour du consulat de France où, géographiquement, une ville nouvelle s'amorçait, entre la médina et la lagune, dans un espace de terrains vagues qui pouvaient, le cas échéant, permettre des constructions nouvelles.

Naissance de la ville moderne : Tunis et l'arrivée des Français

La France s'implanta en Tunisie à la suite d'une conquête militaire : officiellement pour lutter contre les incursions, en Algérie, des tribus khroumires tunisiennes qui peuplaient les territoires frontaliers, en réalité pour des motifs de politique internationale en Méditerranée. Sous le commandement du général Forgemol de Bostquénard, la campagne commença le 24 avril 1881 avec des troupes en provenance d'Algérie et de France, fortes de 25 000 hommes. Le 12 mai, une partie de l'armée, commandée par le général Bréart, campait devant Tunis, sans y entrer, pour accéder à une demande du bey mais aussi pour des raisons politiques, afin de ne pas susciter trop d'émoi parmi la population, donc de résistance. Ce même jour, accompagné du consul de France Théodore Roustan, le général Bréart faisait signer à Mohammed-es-Sadok, en son palais de Kassar-Saïd, un acte diplomatique connu sous le nom de traité du Bardo : c'était l'établissement du protectorat français sur la Régence de Tunis.

En avril 1881 et pendant les mois qui suivirent, le journal *L'Illustration* consacra à cette campagne de Tunisie de nombreux reportages, appuyés de gravures et de plans significatifs.

Il fallut cependant une seconde campagne militaire, dite campagne d'automne, entre juillet et novembre 1881, pour mettre fin à la résistance des tribus de l'intérieur dont la lutte fut opiniâtre. Le général Saussier reçut le commandement en chef de cette seconde campagne qui concerna surtout le sud du pays.

Les palais de Kassar-Saïd et du Bardo sont situés dans la plaine du Bardo et proches l'un de l'autre.

L'embarquement des troupes à Toulon, L'Illustration, *23 avril 1881. (Fonds bibliothèque municipale de Toulouse.)*

Le général Forgemol et son état-major, L'Illustration, *23 avril 1881. (Fonds bibliothèque municipale de Toulouse.)*

Les militaires

Cet afflux de militaires à loger et entretenir modifia la vie de la cité, et bientôt son urbanisme, même si une partie seulement de cette armée resta en garnison à Tunis.

Il est à noter qu'à côté des militaires, et en même temps, de nombreux fonctionnaires logèrent dans la ville ancienne : ils avaient été détachés de France en Tunisie pour occuper les postes nécessaires à la création des nouvelles structures administratives.

La nation française à Tunis comptait une poignée de nationaux, dont le nombre fut estimé à 704 lors du premier recensement de la période française, en 1881 : en proportion, on comprend que l'arrivée des militaires et des fonctionnaires ait posé sans attendre, entre autres problèmes, celui du logement, dans une ville marquée par la récession économique et démographique, en cette fin de XIXe siècle.

Les militaires ont laissé des mémoires et récits de leur séjour en Tunisie. L'un d'eux, le commandant Varloud, en 1882, après avoir effectué *« la traversée de la ville étagée* » jusqu'à la place aux Chevaux, au sud-ouest de la kasbah, conduisit ses hommes à la *caserne* dite du 4e Zouaves, précédemment nommée « *caserne du 1er Régiment* » ou encore « *caserne du 1er Tunisien* » : elle avait abrité jusqu'à la fin de l'année 1881 le premier des sept régiments d'infanterie créés par Ahmed-Bey pour son armée. Mais, par manque de moyens, celle-ci ne fut ni recrutée ni équipée selon les volontés du bey et ce qui en restait fut dissous à l'arrivée des Français, sauf la garde beylicale. En 1896, elle devint la caserne Saussier, du nom du commandant en chef de la seconde campagne de 1881. Construite en 1835, de style ottoman, elle était la plus ancienne caserne de la capitale. Elle présentait un véritable intérêt artistique, que ne laissait guère supposer son aspect extérieur : au centre de la cour, entièrement dallée, s'élevait une fontaine de marbre blanc, formée de trois vasques superposées et recouverte d'un kiosque à arcatures, reposant sur 12 colonnes.

La caserne Saussier, 1917. La cour intérieure : on y voit les zouaves posant devant la fontaine et son kiosque.

Le commandant Varloud signale que, dans cette caserne, située dans la partie haute, et « *à l'opposé de la ville par rapport à la résidence du ministre de France* », ils respiraient un air pur. Pourtant, si l'architecture du lieu est belle, le casernement des hommes est malsain, ce qui a « *amené de nombreuses entrées à l'hôpital* ». Parfois, la nuit, il fait si chaud et les puces incommodent si fort les soldats qu'ils préfèrent dormir à la belle étoile : « *Rien de cocasse comme de voir la grande cour de la caserne à 10 ou 11 heures du soir, on dirait un campement de bohémiens [...]* »

Si la troupe, même à Tunis, fut logée à la dure dans les premiers temps de la présence militaire en Tunisie, beaucoup d'officiers le furent tout autant : « *Rien de plus difficile que de trouver à se loger ici. Il y a un an, il y avait des centaines de maisons vides à Tunis ; depuis l'arrivée des Français, il n'y en a plus guère et les gens du pays croient que nos vêtements sont doublés de louis d'or ; ils demandent des prix insensés [...]* » Aussi le commandant loge-t-il, comme d'autres de ses semblables, dans l'un des cabanons construits dans la cour de la caserne pour les officiers de l'armée du bey. Il y est installé de la façon la plus rudimentaire, « *en camp volant* », dans la poussière et la chaleur, ou, au contraire, les courants d'air humide qui lui glacent les jambes. Il n'a trouvé à louer jusque-là, fort cher, que deux chambres non meublées, sans cuisine et, comble de malchance, la caserne doit subir des transformations : la seule solution qui lui reste est de migrer vers le bas de la ville, autrement dit la partie du quartier européen qui se développe au-delà de Bab-el-Bahr, « *ce qui sera pour moi un vrai supplice* », conclut-il. Il juge en effet le quartier européen, déjà ville naissante, mal entretenu, sale même, dans cet environnement du bord de la lagune, poussiéreux l'été et plein de boue l'hiver, baigné de fortes odeurs marécageuses qui sautent à la gorge.

Une autre caserne tunisienne était passée aux mains des Français après l'établissement du protectorat. Elle aussi avait été construite par Ahmed-Bey, en 1839, quatre ans après la caserne du 1er Régiment : située en dehors de la médina, les Français l'avaient d'abord appelée *caserne de l'Artillerie*, en raison de sa première affectation du temps de l'armée beylicale, puis, en 1896 également, elle devint la caserne Forgemol, du nom du commandant en chef de la première campagne de 1881. Elle fut occupée par le 4e régiment de chasseurs d'Afrique et par le train, accroissant ses installations jusqu'à former le quartier Forgemol.

Une troisième caserne abritait aussi les zouaves, celle de la Kasbah. Construite en 1884, elle présentait deux longues façades bordées de larges vérandas, ou galeries, aux arcatures de style mauresque.

La caserne de la Kasbah fut en particulier un dépôt de matériel et devint, après la première guerre mondiale, l'arsenal de l'armée de terre à Tunis. Elle fut détruite après l'indépendance du pays.

Quant au quartier général, il occupa, dans la partie haute de la ville, une des plus belles demeures de la médina, Dar-Hussein. En 1858, le bey Mohammed-es-Sadok y installa la première municipalité de Tunis, présidée par le général Hussein, qui lui donna son nom mais ne l'occupa qu'un

Caserne de cavalerie. Le quartier Forgemol en 1907.

Chasseurs d'Afrique dans une descente, 1909.

La kasbah. La vue, en plan rapproché, permet de voir plus nettement la porte et les deux pavillons d'entrée. A gauche, le minaret et la mosquée de la Kasbah. (Fonds Sauveur Farrugia.)

Les services militaires.

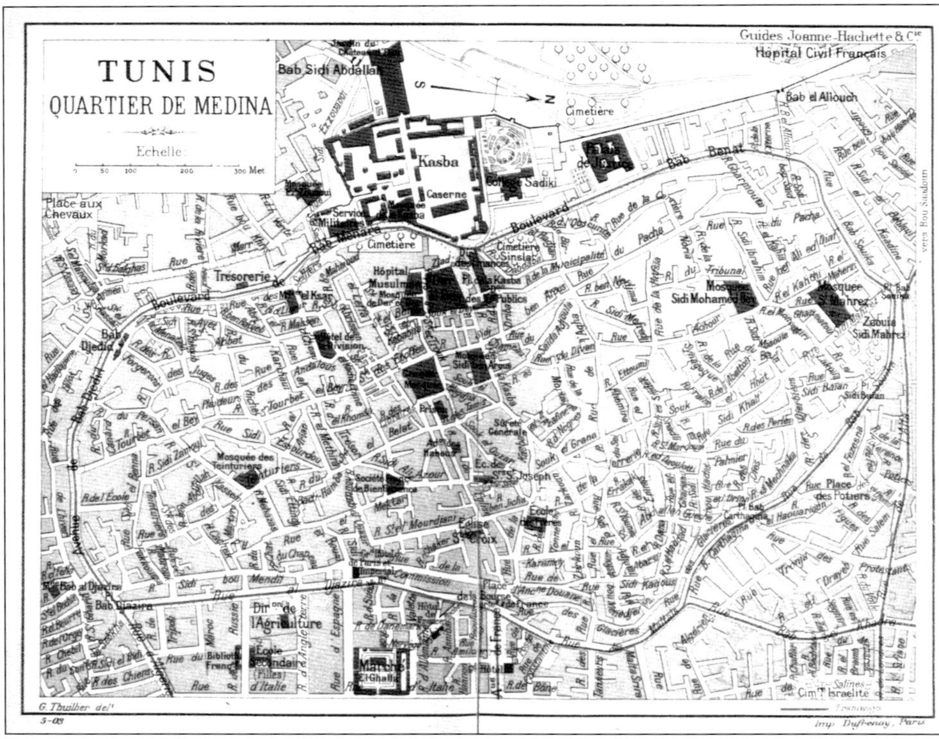

Quartier de la médina. Ce plan permet de situer, à l'ouest, dans la partie haute de la médina, la caserne de la Kasbah, la mosquée de la Kasbah, le bâtiment des services militaires ; plus au sud, l'hôtel de la Division (Dar-Hussein) ; tout à fait sur la gauche du plan, en haut, la place aux Chevaux près de laquelle se situait la caserne Saussier (Guide Joanne, 1903). (Fonds bibliothèque municipale de Toulouse.)

temps. Le général Forgemol s'y établit à son tour en 1882. Dar-Hussein, d'abord loué par l'armée, puis acheté en 1890, porta aussi le nom d'hôtel de la Division, l'armée en Tunisie étant une division d'occupation d'environ 15 000 hommes.

L'armée s'était trouvée face au problème du logement, non seulement pour ses hommes mais aussi pour installer ses services : dans la ville ancienne, les locaux pris en location dans ce but n'étaient pas fonctionnels ; dans le quartier européen, qui devenait une ville nouvelle, les constructions, « *élevées à la hâte et sans soin* », étaient toujours aussi rares parce qu'aussitôt occupées « *par l'immigration européenne et par la population israélite qui débordait du quartier de la Hara* » ; par ailleurs, les loyers payés pour ces bureaux pesaient sur le budget de l'armée. Aussi, une construction qui les réunirait en un même lieu fut-elle entreprise en 1892 et, le 1er janvier 1895, eut lieu l'inauguration des « *Services militaires* ». Les témoignages sont unanimes : le bâtiment, qui se déployait sur une façade de 56 mètres de longueur, était de belle facture et imposant.

Il fallut, entre autres, organiser au plus vite le service de santé, de première nécessité pendant une campagne militaire et dans un pays où sévissaient *les fièvres*, typhoïde, dysenterie, paludisme. Pendant six mois, à partir du 12 mai 1881, le principal centre sanitaire de l'armée, dénommé *ambulances* selon le vocabulaire de l'époque, fut établi à La Manouba, proche banlieue de Tunis, dans un palais ayant appartenu à l'ancien ministre Khérédine. Le palais était, en 1881, propriété de la Société franco-africaine, qui possédait en particulier le domaine de l'Enfida.

Un acte de la chancellerie consulaire à Tunis, en date du 23 mai 1883, présente le bail de location du palais Khérédine par la Société franco-africaine aux autorités militaires. C'est cet acte qui mentionne qu'une partie du palais a été occupée pendant six mois par le Service des hôpitaux de l'armée, lequel s'installa ensuite en d'autres lieux.

Le général Philebert, en campagne dans l'intérieur du pays en octobre 1881, raconte qu'il avait eu la charge d'organiser un convoi de 400 malades que l'armée ne pouvait continuer à emmener avec elle. Il avait fallu laisser partir le convoi qui avait à accomplir un voyage de plusieurs étapes dans les pires conditions, à travers un pays en proie à la dissidence. Finalement, et contre toute attente, cette colonne sanitaire arriva aux ambulances de La Manouba en meilleur état puisqu'en chemin beaucoup se remirent, ce que le général attribua en partie au changement d'air.

Ainsi, dans les premiers temps du protectorat, le nouveau pouvoir, représenté par l'armée, n'eut guère d'influence sur le développement de la ville nouvelle ; la manière dont elle s'installa renforça au contraire le rôle politique de la ville ancienne, contribuant à améliorer, puis à développer, les infrastructures administratives et l'habitat urbain.

Ce sont les militaires qui firent de la Tunisie une terre sous tutelle française : ils entendaient assurer le gouvernement du pays, au détriment d'une administration civile. Cette volonté se durcit quand le général Boulanger prit le commandement de la division d'occupation en 1884, alors que depuis le 2 avril 1882 le *ministre résident* de France en Tunisie,

La Manouba. Cour intérieure de la caserne, 1913. A droite, le militaire présenté semble être un infirmier ou un aide-soignant.

Paul Cambon, organisait le protectorat selon la mission qui lui avait été confiée. Les rivalités éclatèrent au grand jour. Le gouvernement français, pour mettre fin à la situation, en 1886, déplaça les protagonistes de cette lutte : le général Boulanger fut nommé ministre de la Guerre à Paris et Paul Cambon, ambassadeur de France à Madrid. Désormais, l'administration civile restait seule représentante du pays protecteur, l'armée étant subordonnée au résident général.

A l'époque, déjà, la ville nouvelle connaissait un grand essor : plus rien n'arrêta son développement. L'ère du Quartier franc était révolue et Tunis entrait dans une période d'évolution, d'accélération historique.

Les civils

En effet, l'installation d'une grande partie des militaires et de la première vague de fonctionnaires dans la ville ancienne n'avait pas freiné la poussée urbaine qui s'exerçait, presque par la force des choses, dans la partie basse de la ville. Comme l'avait noté le commandant Varloud, on construisait dans cet espace au-delà de Bab-el-Bahr et, sitôt finis, ces logements étaient occupés par les immigrants européens et par les israélites qui quittaient le vieux quartier de la Hara. Si l'officier peut écrire cela en 1882, c'est que ces constructions avaient été entreprises bien avant : un négociant-voyageur, Claude Charmetant, qui passa à Tunis en 1880, notait dans ses carnets de voyage que les Européens construisaient avec ardeur et prenaient *« petit à petit possession des lieux »*. Il y a à Tunis, écrivait-il, plusieurs hôtels tenus par des Français et on y trouve toutes les nationalités.

Une catégorie professionnelle, entre autres, témoignait d'une présence accrue des Européens : celle des métiers de la restauration et de l'hôtellerie. En date du 28 novembre 1878, on peut relever un acte de la chancellerie d'autant plus intéressant qu'il mentionne le lieu où s'exerçait cette nouvelle poussée urbaine : un certain François Laurent s'associe à Lazare et Sophie Chaix pour louer un local avenue de la Marine et monter un café où chacun s'engage à travailler *« selon son savoir [...] selon ses moyens dans l'intérêt commun et pour la prospérité de l'établissement »*. En 1882, l'écrivain Paul Arène parle de ces *« brasseries nouvelles »* où l'on boit de la bière comme à Paris, servie, ironise-t-il, par des jeunes personnes *« de douteuse fraîcheur, débarquées la veille de Marseille ou d'Alger »*.

Dans ce bouillonnement créatif, en effet, les personnes qui montaient ce type d'affaires commerciales n'étaient pas toujours animées d'intentions claires, comme en témoigne un autre acte passé en chancellerie, en 1883 : il s'agit d'un bail de location entre un avocat résidant à Tunis et une veuve, propriétaire d'un hôtel dans cette ville. L'avocat loue à cette dernière une partie de son jardin, à charge pour elle de séparer ces deux parties par une clôture, à ses frais. Elle désire *« affecter ce jardin à l'exploitation d'un théâtre-concert »*. Elle a donc le droit d'élever les constructions qu'elle juge nécessaires *« à son industrie »* ; elle veut aussi construire, en s'appuyant sur des murs mitoyens, un appartement au rez-de-chaussée *« et des chambres garnies ou un appartement au premier étage »*. A ce moment du bail, et probablement soupçonneux, l'avocat a fait ajouter une précision : si l'établissement construit par la veuve dégénérait en un lieu mal famé, *« le bail pourrait être résilié avec une clause pénale »*.

De nombreux témoignages rapportent cette effervescence qui entoura l'évolution de la ville nouvelle dans les premières années du protectorat. Claude Charmetant, qui y revint en 1884, écrivit par exemple qu'il trouvait à Tunis de grands changements : de nombreux Français, dont un certain nombre en provenance d'Algérie où ils avaient échoué dans leurs entreprises, s'y étaient installés, ouvrant cafés et débits de boissons, créant dans les rues une animation qui le surprenait.

La sœur d'un contrôleur civil de Tunisie, Marguerite Penet, qui épousa un des premiers colons de la plaine du Mornag, a laissé du Tunis européen de 1886 une relation intéressante : les descriptions y sont pêle-mêle, sans souci d'organisation, mais elles rendent parfaitement l'intense activité de ces années-là. On trouvait déjà à Tunis, note-t-elle, quelques beaux immeubles avenue de France, la régie des tabacs, le cercle des officiers, un théâtre, la Banque de Tunisie, le café de Tunis, *« centre des nouvelles et centre des affaires »* où *« affluaient des renseignements de toutes sortes : cours des marchés, achats et ventes de terres ou d'immeubles »* ; s'y tenaient, presque en permanence, *« des hommes d'affaires souvent illettrés, mais dont l'intelligence et la finesse ont souvent édifié des fortunes »*. La gare était entourée de *« beaux jardins qui servaient de promenoirs aux mères de famille »* ; à partir de là s'étendaient de nombreux jardins maraîchers, sur lesquels furent plus tard construits l'avenue de Carthage et le quartier avoisinant ; ces jardins étaient arrosés par des eaux d'égouts. Les marécages qui menaient à l'emplacement du futur port furent peu à peu comblés par des particuliers qui spéculèrent sur ces terrains. Le général commandant la division de Tunisie logeait dans la ville ancienne, à Dar-Hussein, comme les officiers et les fonctionnaires, dont certains habitaient *« dans les grands immeubles de la rue de la Commission, des Glacières, des Maltais, ou bien dans les nouveaux immeubles qu'on édifiait un peu partout »* : des chantiers s'élevaient de toutes parts. La Compagnie des Eaux commençait à creuser les rues pour y poser les conduites *« et cela ajoutait à l'encombrement [...]. L'ensemble était gai et vivant »*.

Marguerite Penet souligne un point important pour l'évolution de la nouvelle ville à cette date : les constructions étaient presque essentiellement situées de part et d'autre de ce qui fut appelé l'avenue de France, ne s'étendant pas encore jusqu'à la future avenue de Carthage. C'est là en effet que se situe le cœur même du nouveau Tunis.

Car, en réalité, tout s'organisait autour d'un axe central, celui que Jellal Abdelkafi, déjà cité, a appelé *« le tracé instaurateur »* de la ville nouvelle : l'avenue de la Marine, dite aussi promenade de la Marine, ou plus simplement la Marine, nom dérivé de celui de Bab-el-Bahr, la porte de la Mer. Cette voie reliait Bab-el-Bahr au petit port de Tunis : sur la suggestion du consul de France Léon Roches, le bey avait fait déplacer Bab-el-Bahr pour qu'elle soit dans l'axe du port, rejoignant directement les bords du lac.

La promenade de la Marine fut urbanisée très tôt dans sa partie supérieure, celle comprise entre Bab-el-Bahr et le consulat de France,

Ce plan permet de situer la partie comprise entre la porte de France et la résidence et qui reçut le nom d'avenue de France ; puis de situer les avenues de Carthage et de Paris, étape suivante du développement de l'axe de la Marine ; enfin, l'avenue Gambetta, et son vis-à-vis, la rue de Turquie, qui finirent, avec les constructions qui s'y élevèrent, d'occuper cet espace urbain jusqu'aux bords du lac et jusqu'au port. (Fonds Sauveur Farrugia.)

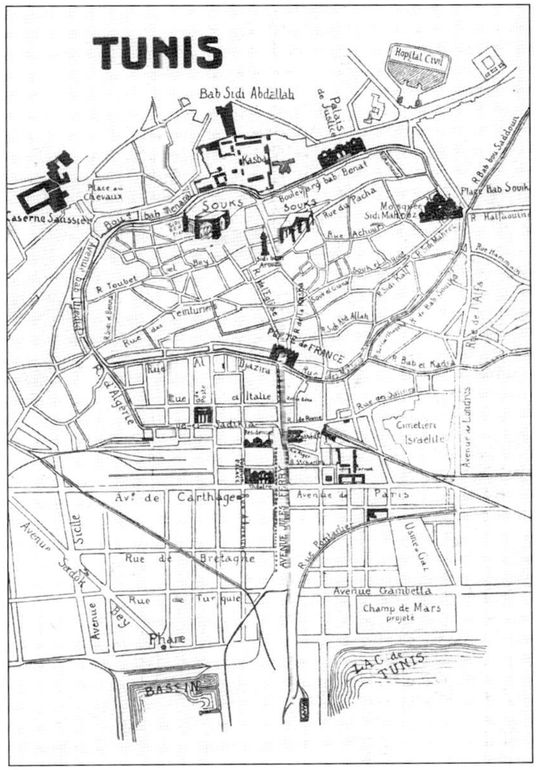

puisque ce dernier fut mis en service en 1860 et qu'il devint aussitôt un centre attractif : c'est cette partie-là qui prit le nom d'avenue de France, en même temps que Bab-el-Bahr devenait la porte de France.

La Marine, dans sa partie urbanisée, était devenue, même avant 1881, un lieu de promenade apprécié des Européens, de loisir et de repos dès que s'ouvrirent cafés et restaurants : rares sont ceux qui, ayant laissé des récits de leur passage ou de leur arrivée à Tunis, n'ont pas mentionné cet endroit. L'un d'eux écrivait déjà en 1882 : « *Le soir, de six à sept heures, tout le monde se promène sur la Marine, qui est une superbe et large allée filant droit de la porte Bab-el-Bahr au lac et aux Docks. A l'entrée sont les constructions neuves de la colonie européenne, de grands hôtels et des cafés, la Compagnie transatlantique, la poste, les consulats, le palais du résident français, une église. Mais les maisons s'abaissent peu à peu, et l'on est bientôt dans une espèce de campagne çà et là bordée de bicoques et de débits* (de boissons) [...] » Cet écrivain déjà mentionné, Paul Arène, raconte encore que, le soir, en revenant de sa promenade au bord du lac, « *il y avait musique et foule sur la Marine* », bien entendu dans la partie déjà construite de la ville naissante.

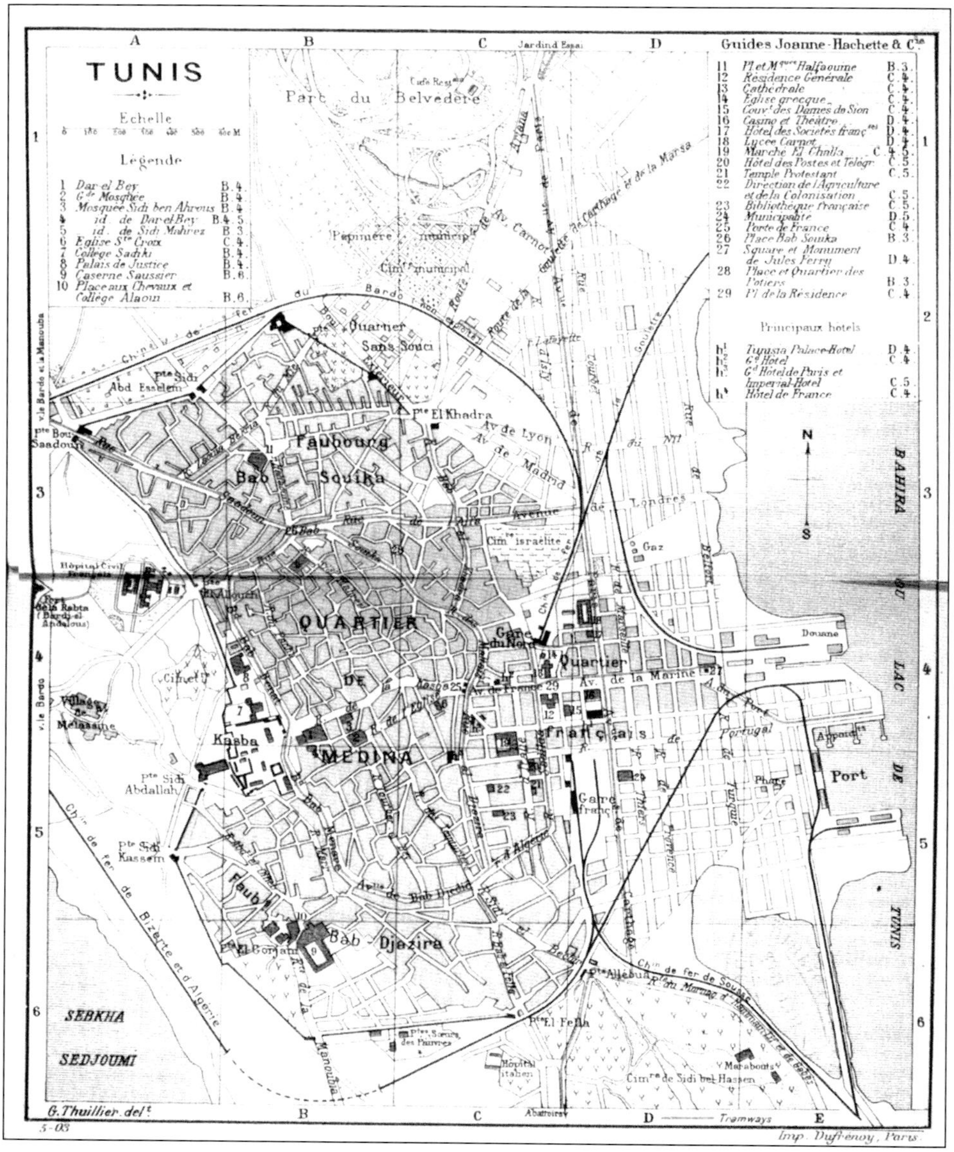

Plan de Tunis (Guide Joanne, *1903*). *(Fonds bibliothèque municipale de Toulouse.)*

Tunis. La porte de France, 1909.

Tunis. Panorama du quartier de la Marine. (Fonds Sauveur Farrugia.)

Tunis, porte de l'Orient : une ville qui séduit les Français

Les premiers contacts des Européens avec Tunis, des Français en particulier, civils ou militaires, est comme une bouffée d'Orient qui leur saute au visage : c'est l'impression qu'on en retire quand ils ont laissé des témoignages. Cet attrait de l'exotisme s'attache à la ville ancienne, pas à celle qui est en train de sortir des marécages. En effet, le spectacle de cette ville, où tout les dépayse, les étreint d'une émotion que, sous une forme ou sous une autre, ils ont tous exprimée : « *Tunis [...] m'est subitement apparu noir sur fond d'or, avec ses remparts, ses minarets et ses dômes, comme toutes les cités barbaresques regardées au soleil couchant.* » Et c'est souvent une carte postale avec un paysage de ce type, des personnages en costume traditionnel et des chameaux, qu'ils envoient aux parents restés en France pour faire partager leurs premières impressions de rencontre avec l'Orient.

Panorama de Tunis, 1906. (Fonds Yves Péchoux.)

Alors que cette capitale est excentrée par rapport à l'Orient des peintres et des écrivains, situé beaucoup plus vers l'Egypte, Tunis est vraiment ressenti comme une ville orientale.

Si la ville ancienne les séduit, la seconde leur déplaît souvent : « *Hélas ! voici du bruit, de la poussière, une insupportable chaleur : c'est le progrès, la civilisation, la ville européenne nouvelle [...]* ». Ils trouvent que les hôtels, sans caractère, y ressemblent à tous les hôtels du monde : « *C'est un triste séjour pour un affamé d'Orient* », écrit l'un d'eux.

En effet, comme les voyageurs des siècles passés, c'est dans les souks qu'ils découvrent l'Orient, dans cet enchevêtrement de ruelles ombragées, bordées d'arcades, « *où l'ombre et le soleil vont par tranches et se suivent sans se mêler* ». L'Européen est souvent surpris par les échoppes des artisans, ces « *petites cases étroites dont le sol est généralement élevé d'environ quatre-vingts centimètres sur celui de la rue : marchands et ouvriers s'y tiennent accroupis tandis que les clients patientent, parfois en s'asseyant sur un banc de pierre ou de bois* ».

D'ailleurs, toutes les rues de la médina, souvent teintées de mystère, dégagent un charme particulier aux yeux des Occidentaux.

Tunis. Rue Sidi-Mahrez.

Les quartiers populaires de la médina, surtout au nord, la place Halfaouine avec ses nombreux cafés, comme ceux de la place voisine de Bab-Souika, attiraient les amateurs d'Orient : « *A la fin d'une des dernières journées de mon séjour à Tunis, je m'étais installé en compagnie du caïd à la terrasse d'un café maure du quartier Halfaouine. L'un à côté de l'autre, [...] nous regardions s'écouler la foule à travers la fumée bleue de nos cigarettes.* » Et celui qui écrivit ces notes en 1924 ajoutait que quiconque n'avait pas connu ces lieux particuliers ne pénétrerait jamais l'âme musulmane : il quitterait la Tunisie « *sans la connaître autrement que par les apparences de l'architecture et des paysages* ».

Beaucoup de familles françaises immigrées en Tunisie invitèrent par la suite leur parenté de France à venir leur rendre visite : à l'occasion, les albums photos conservent le souvenir de ces séjours où les promenades à travers les souks de Tunis et les ruelles pittoresques sur fond de minarets occupent une place de choix. D'après les témoignages retrouvés, les années trente furent une époque de prédilection pour ces voyages.

Touristes sur les hauteurs de la ville ancienne, 1932. (Fonds Lhospital-Niemtchinow.)

Au hasard des rues, les nouveaux arrivants sont sensibles à la beauté des lourdes portes qu'ils ont souvent décrites, ornées « *d'une grande quantité de clous artistement disposés* », dont les têtes peintes en noir ressortent sur le fond vert ou bleu et forment des dessins.

Porte de maison arabe à Tunis. (Fonds Société de géographie de Toulouse, cliché sur verre.)

« *Un petit portillon, le seul qui s'ouvre, est découpé dans le bois de la porte. Il n'a pas la hauteur d'un homme, ce qui vous oblige à toujours vous baisser pour entrer* », écrit le voyageur Bégouen, parlant du type de portes observé dans le quartier « *qui va de la kasbah à la mosquée Sidi-Mahrez, un des mieux habités, aux rues bordées de riches maisons.* »

Ensuite, ils décrivent l'aspect insolite des longs murs blancs sans ouverture où, seule, de place en place, se détache « *la grille ventrue d'un moucharabieh* » ; collée à ses parois, elle ressemble à un « *gigantesque nid d'hirondelle* » qui dissimule les femmes au regard des passants, excitant leur imagination : « *[...] des houris, invisibles et qui vous voient, arrosent un pot d'œillets ou de basilic* ». Le mot même de *houris*, ces beautés célestes qui peuplent le paradis d'Allah, en dit long sur l'imaginaire de celui qui a écrit ces impressions.

De fait, les femmes, en général, ont une place dans tous les récits consultés : parmi les thèmes chers aux orientalistes, il est le plus fréquent, celui qui éveille la sensualité des Occidentaux quand ils évoquent l'Orient. En ce qui concerne la Tunisie, et Tunis en premier lieu, c'est la femme juive qui semble la plus évoquée, la plus représentée dans l'iconographie de l'époque, comme les cartes postales, par exemple. Ces êtres à la grâce exotique, aux jambes prises dans des pantalons serrés, incarnaient pour eux les fantasmes de l'Orient, peut-être plus que les musulmanes. Le soldat Sylvain Darnaud, venu en Tunisie lors de la campagne de 1881-1882, n'a pas manqué de les décrire. Il les trouve « *extraordinairement* » belles, avec leur « *démarche indolente, voluptueuse* » et leurs yeux noirs, en costume traditionnel. Certains ont

Fillettes juives. « Leur allure souple quand elles courent d'une porte à l'autre emplit le quartier juif de Tunis d'une longue vision de petites salomés [...]. » *(Maupassant.)*

souligné l'embonpoint qui les gagnait très tôt, juste après l'enfance : « *Passé cet âge leurs formes gracieuses s'alourdissent, leur visage s'empâte [...].* »

Le quartier de la Hara suscitait l'intérêt des Européens qui visitaient la ville ancienne. Ceux qui en ont parlé ont souvent décrit les beaux habits des jours de fête, dont les couleurs vives remplissaient les rues de gaieté : « *Aux portes, aux fenêtres, on voit, le samedi, des costumes éclatants, parfois d'une grande richesse.* » Les cartes postales envoyées aux parents ou amis de France leur faisaient découvrir les charmes de cette population, elle aussi exotique.

Quant aux musulmanes, les étrangers les ressentent le plus souvent comme inaccessibles : une femme de la haute société sort peu, lit-on dans un récit, et dans une voiture « *hermétiquement close* », aux stores baissés. Si elle ne peut faire autrement que d'aller à pied, elle est « *tellement empaquetée dans des haïks de laine ou de soie blanche* » qu'elle n'a plus forme humaine. Elle cache sa figure en mettant sur sa tête un voile de soie noire qu'elle tient devant elle avec ses deux mains, laissant retomber les bouts de chaque côté.

Les femmes du peuple, elles, s'enveloppent le corps dans un haïk blanc et recouvrent leur visage d'une étoffe noire qui laisse à peine voir les yeux. On les aperçoit souvent par groupes, allant et venant aux abords des cimetières et des mosquées, les jours réservés aux femmes. Cette distance entre les musulmans et les étrangers ouvraient toutes grandes les portes de l'imaginaire. Sourires énigmatiques, silhouettes furtives, beauté des intérieurs où vivaient de belles recluses : d'innombrables représentations, peintures ou photos reproduites sur cartes postales, s'en allaient répandre ces images des femmes du pays vues par les Occidentaux.

Musulmane, 1904.
(Fonds Yves Péchoux.)

D'autres femmes, mais d'une manière moins appuyée, sont évoquées dans les récits des militaires, civils ou touristes qui arrivent à Tunis : celles de l'Europe du sud, les Méditerranéennes immigrées dans cette ville. *« Parmi la population italienne, on trouve de beaux types de femmes »*, écrit le commandant Varloud. Les Maltaises, elles, surprennent, car elles portent sur la tête un voile qui les dissimule, aussi, au regard des étrangers. Paul Arène notait en 1882 : *« [...] je suivais, sans penser à mal, un groupe de Maltaises brunes, à mâchoire solide, à pommettes saillantes, belles sous leur cape de satin noir, quoique d'une beauté un peu masculine ».*

D'autres curiosités, d'autres lieux attiraient les Européens. Entre autres, ceux qui cherchaient un moment de calme dépassaient la foule et le bruit qui animaient la promenade de la Marine et rejoignaient les bords du lac. Même si tous mirent l'accent sur les relents nauséabonds qui s'en dégageaient, le lieu avait son romantisme et son charme. Séduits par le calme de l'eau, beaucoup ont laissé errer leurs regards admiratifs sur *« les grandes bandes de flamants roses »* qui traversaient parfois le lac, alors que les mâtures des petits bateaux plats, naviguant entre Tunis et La Goulette, offraient un spectacle hors du temps : *« dans la nuit tombante, des voiles se voyaient encore. Le ciel et l'eau, d'un même ton, étaient d'un violet gris plein de mélancolie ».*

Le lac. On aperçoit dans le lointain, au centre de la carte postale, le Bou-Kornine, la montagne aux deux cornes.

Ceux qui le pouvaient portaient leurs pas en direction du Bardo, pour voir le palais du bey, à quelques kilomètres de la médina et que l'on rejoignait par la porte de Bab-el-Khadra. Il leur apparaît comme un entassement de constructions, sans architecture d'ensemble, masse considérable que certains décrivent comme délabrée dans les débuts du protectorat : à la mort du bey Mohammed-es-Sadok, en 1883, il avait été déserté par son successeur, suivant la tradition beylicale qui faisait qu'un souverain n'habitait pas dans les mêmes lieux que son prédécesseur. Ils observent malgré tout ce palais avec attention : tous évoquent *« l'escalier des lions »* pour en avoir au moins entendu parler, comme de l'immense salle du Trône, où étaient exposés des portraits en pied de beys et de souverains d'Europe.

Le Bardo.

Il convient toutefois de nuancer l'expression des sentiments que les Européens éprouvèrent pour Tunis : les récits qui en ont gardé la trace émanent pour la plupart d'artistes, de touristes et d'immigrants aisés, ou d'*« hiverneurs »* qui venaient passer l'hiver en Tunisie tout en gérant leurs affaires. L'immigration pauvre, elle, ne pensait qu'à se mettre au travail, s'enfonçant, le plus souvent, à l'intérieur des terres pour trouver où s'établir. Ces hommes et ces femmes avaient d'autres préoccupations que celle d'exprimer des désirs d'Orient. Ils n'ont guère écrit, dans l'ensemble, et l'histoire de ces existences n'est connue que par la transmission orale au sein des familles.

Quoi qu'il en soit, en ces temps de passage entre XIXe et XXe siècle, Tunis apparaissait comme une ville animée, agréable à vivre, au cosmopolitisme attachant, malgré le dépaysement auquel elle pouvait confronter les Européens. La ville ancienne, dans ces années-là, ne sortait pas amoindrie par la naissance de la ville nouvelle : même si le centre économique de la médina s'était progressivement déplacé du quartier des souks vers la place de la Bourse et le Quartier franc, puis vers la ville européenne et le port, elle restait un centre administratif, un centre de pouvoir.

Développement de la ville moderne

En ce qui concernait la population européenne, si les Français n'arrivaient qu'en petit nombre en ces débuts de protectorat, le pays se peuplait d'Italiens, Tunis comme le reste de la Régence : en 1901, le recensement affichait 24 201 Français pour tout le pays, 71 600 Italiens, 12 038 Anglo-Maltais. Le développement de la ville nouvelle fut en partie le fait des Italiens, qui construisirent quelques grands immeubles sur les terrains situés en direction du lac et qu'ils avaient achetés pour la plupart avant l'arrivée des Français. Que ces derniers aient été insalubres et mouvants ne les fit pas reculer : une certaine dame Fasciotti, en particulier, avait entrepris de combler les endroits marécageux en y déversant, charrette par charrette, tous les détritus, excavations de terre et matériaux divers provenant de travaux exécutés dans la ville. Ainsi, elle remblaya ces terrains qui se revendirent par la suite à prix d'or.

On trouve, dans le récit d'un témoin de la première heure, Charles Lallemand, une explication précise sur la manière dont furent établies les fondations des bâtiments implantés dans ces lieux : « *La ville neuve, c'est-à-dire la ville européenne, est bâtie au bas du coteau sur des terrains formés par des marécages remblayés, sur les bords du lac. Il est impossible d'asseoir des fondations normales sur les sédiments vaseux, sans consistance, que l'on y trouve jusqu'à 10 ou 12 mètres de profondeur. Aussi établit-on dans cette partie de la ville des fondations d'une nature spéciale pour racheter le peu de résistance du sol. Voici comment on procède [...]* ». Et d'expliquer qu'il faut faire des fouilles de 2 à 3 mètres de large sur 3 mètres de profondeur, niveau auquel on rencontre les infiltrations du lac. Puis on fait un mélange de la terre sortie avec les résidus des fours à chaux du pays qui, abandonnés à l'air, se réduisent en poudre. Ce mélange est damé dans les fouilles sur une épaisseur de 30 centimètres et battu très longtemps par des équipes d'ouvriers.

Guy de Maupassant, qui fit un séjour à Tunis en 1887, a confirmé, en des pages bien connues des historiens, ces débuts de la ville nouvelle : « *Lorsqu'on se promène [...] par les rues neuves qui vont aboutir, dans le marais, à quelque courant d'égout, on entend soudain une sorte de chant bizarre rythmé par des bruits sourds comme des coups de canon lointains, qui s'interrompent quelques instants pour recommencer aussitôt [...].* » Il explique que ce sont des hommes, noirs (cette main-d'œuvre était au XIXe siècle abondante en Tunisie, amenée par les caravanes du Soudan), qui, debout dans des tranchées, dament le sol en chantant : ils tapent en cadence « *sur les cailloux et le mortier qui feront des fondations solides à quelque nouvelle maison bâtie dans ce sol huileux de fanges* ». « *Et c'est ainsi que s'élève la ville européenne dans le quartier neuf de Tunis !* », conclut-il, en ajoutant : « *Ce quartier neuf ! Quand on songe qu'il est entièrement construit sur des vases peu à peu solidifiées, construit sur une matière innommable, faite de toutes les matières immondes que rejette une ville, on se demande comment la population n'est pas décimée par toutes les maladies imaginables [...]* » Il déclare que, tout au contraire, « *Tunis est une ville saine, très saine* », attribuant cette « *salubrité indiscutable* », « *à la pureté parfaite de l'eau qu'on boit dans cette ville* » : celle-ci provient des sources du djebel Zaghouan, conduite sur près de 100 kilomètres par l'aqueduc romain d'Hadrien, restauré au milieu du siècle.

De la porte de France à l'avenue Jules Ferry

Ces terrains gagnés sur la lagune permirent de développer la ville nouvelle vers l'est et de poursuivre le tracé d'une voie de 60 mètres de largeur, l'avenue de la Marine proprement dite, aussitôt plantée de quatre rangées de ficus. Ainsi, sur près d'un kilomètre de long, avant 1900, était fixé d'une manière définitive l'axe de part et d'autre duquel s'édifia la cité moderne. Partant de la porte de France, il prit dans sa partie haute le nom d'avenue de France, puis s'élargit en place de la Résidence, face à la demeure du représentant de la France, et se poursuivit par l'avenue de la Marine. Celle-ci devint, à la fin du siècle, l'avenue Jules Ferry, qui se prolongea jusqu'au port : le 24 avril 1899, une statue de Jules Ferry y fut inaugurée, en présence de sa veuve, par le résident général Millet, avec défilé de troupes, procession des personnalités présentes devant la statue et discours à la gloire de l'homme qui avait rendu possible l'établissement du protectorat. Ce lieu resta une promenade favorite des Européens, comme le souligne en 1954 un vieux Tunisois, Edmond Martin, alias Kaddour Ben Nitram : *« Il m'arrive assez fréquemment de parcourir notre belle avenue Jules Ferry, [...] sous les ficus, et, tout en flânant au gré de ma fantaisie, de m'attarder devant les magnifiques et somptueux immeubles qui la bordent. Promenade charmante où mon esprit, doucement, suit sa pente. »*

Monument et jardins Jules Ferry.

Après l'indépendance de la Tunisie, entre 1956 et 1957, cette avenue devint l'avenue Président Bourguiba et la statue de Jules Ferry fut déboulonnée : la vieille promenade de la Marine était à nouveau le symbole fort du changement politique.

Le port de Tunis

Le point terminal de l'avenue de la Marine, avant même qu'elle prenne le nom de Jules Ferry, était le port, qu'il fallait construire : quand on voulait rejoindre Tunis par bateau, on ne débarquait pas dans cette ville mais à La Goulette, son « avant-port », à une distance d'environ 10 kilomètres. En effet, cette capitale n'a pas d'accès direct à la mer mais est située, comme le montre le plan ci-dessous, sur les bords d'un lac, le Bahira ou lac de Tunis. De tout temps, traversant le lac de part en part, des barques à fond plat assurèrent le transport des marchandises et souvent des passagers, entre La Goulette et Tunis.

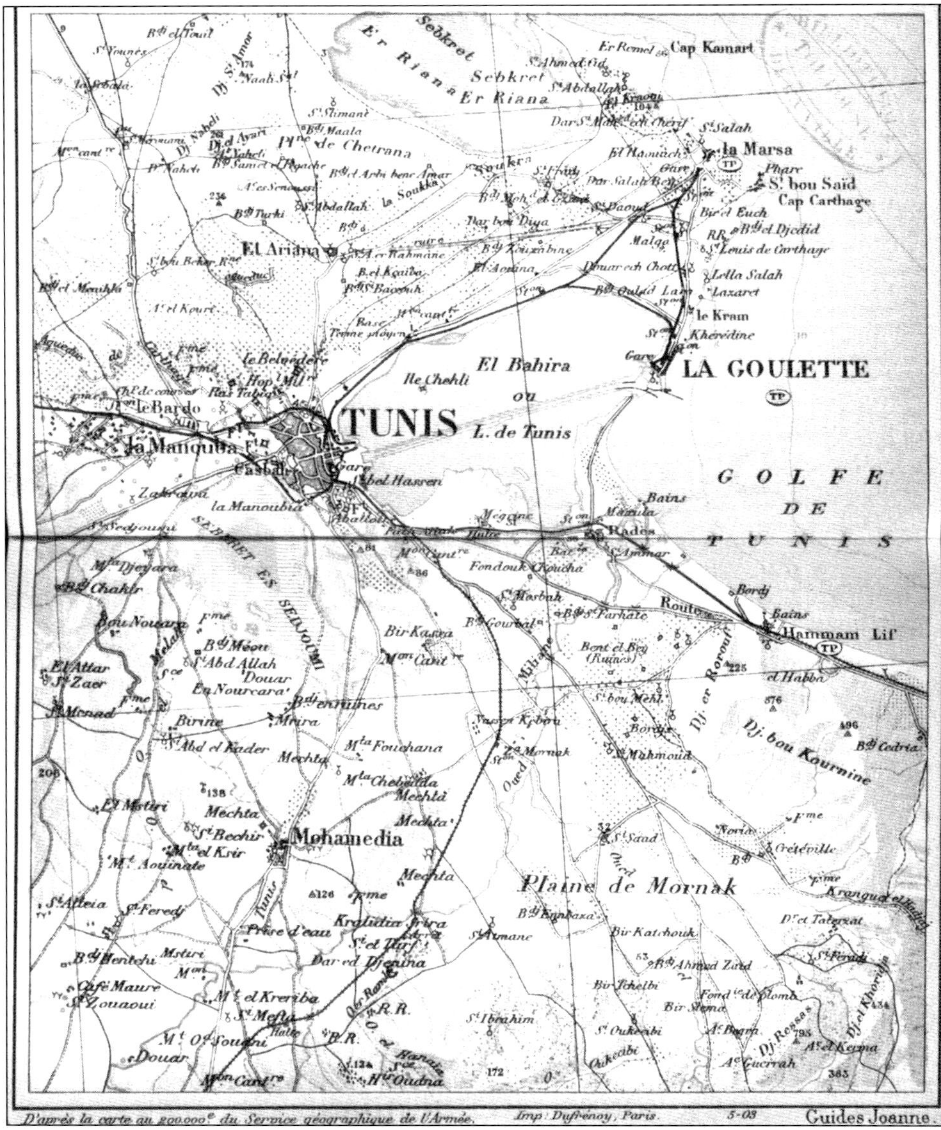

Situation géographique de la ville de Tunis et son avant-port, La Goulette (Guide Joanne, *édition 1903*). *(Fonds bibliothèque municipale de Toulouse.)*

Encore une fois, pour la fin du XIXe siècle, ce sont les récits de voyageurs ou d'immigrants qui permettent de retracer l'arrivée à Tunis, moment souvent vécu comme dépaysant et plein d'inquiétude : le navire jetait l'ancre au large de La Goulette, port trop peu profond pour des navires de haute mer. Les passagers étaient transbordés sur des chaloupes, conduits jusqu'aux quais, pas toujours par temps calme, et leurs bagages laissés aux mains de portefaix qui se disputaient pour s'en emparer : « A *cette époque* [1886], relate dans ses souvenirs une immigrante de 16 ans, *on ne débarquait pas à La Goulette, mais à deux mille au large, d'où une chaloupe vous transportait à terre. Aussi ma première impression d'Afrique a-t-elle été celle, terrifiante, de grands gaillards bronzés, hurlants, et vous arrachant des mains valises et enfants. En réalité c'étaient de pacifiques portefaix, mais j'avais cru assister à une scène de piraterie.* »

Une fois à terre, deux possibilités s'offraient pour rejoindre Tunis : d'abord par le chemin de fer italien de la compagnie Rubattino, « *sorte de tramway à vapeur, primitif et commode, avec ses lourds wagons disgracieux mais ouverts au grand air et munis de plateformes où l'on circule* », qui passait, à gauche, sur les « *bords sablonneux* » de la lagune « *peuplés d'oiseaux d'eau* » et, à droite, au bas de coteaux plantés d'oliviers. Longeant la partie nord-ouest du lac, c'était un itinéraire fréquenté qui menait à Tunis en une demi-heure et le moyen de locomotion le plus simple.

Ensuite, si l'heure d'arrivée du navire était inhabituelle, l'affaire se compliquait. Voici ce que raconte, en 1888, un certain Daubeil, voyageant en compagnie de douze autres passagers, alors que la tempête avait retardé leur navire : « *[...] à cette heure indue (il était onze heures du soir) il n'y avait plus de train. Il fallait aviser et se procurer des voitures si l'on voulait coucher à Tunis [...]. Un porteur fut envoyé à La Goulette au petit trot, et peu après arrivaient à grand bruit de fouet quelques vénérables carrosses datant d'un demi-siècle. Le prix débattu et fait non sans peine, les portefaix empilaient tant bien que mal voyageurs et bagages, et nous partions au bruit des sonnettes et des grelots dont les chevaux étaient couverts.* » Ils voyagèrent une bonne heure, « *durement cahotés* » sur une piste imprécise, puis ils durent attendre qu'un garde leur ouvre la porte de Bab-el-Khadra par laquelle ils arrivèrent à Tunis, avant de poursuivre « *sur une grande avenue déserte, la Marine* », jusqu'à leur hôtel.

Pour remédier à ces tracas et à ces lenteurs, aux difficultés que le commerce rencontrait à cause de cette situation, la construction d'un port avait été décidée avant 1881 et le projet repris ensuite. Une polémique se développa sur la question du choix du site, vaseux, peu profond, éloigné de la mer et qui continuait à s'ensabler. Finalement, le port fut mis en chantier en 1888 et les travaux commencés sans tarder par la Compagnie française des Batignolles.

D'après ce que raconte Edmond Martin, le dernier terre-plein de l'avenue de la Marine se terminait par un canal latéral, long, étroit, appelé la darse ou le quai des Voiliers : s'y amarraient de nombreuses embarcations de petit tonnage, serrées les unes contre les autres, « *barques, felouques et mahonnes* », d'où émergeait « *tout un flot de mâts, de voiles attachées et enroulées à leurs vergues [...]* ». Bientôt ce furent les voiliers du grand large qui vinrent accoster à Tunis, après avoir emprunté un chenal creusé à travers le lac, sur une profondeur de sept à huit mètres, dans les débuts, et une longueur de dix kilomètres : celui-ci désormais reliait le port de Tunis à la mer.

La Goulette. Barque dans le chenal, 1926. A l'horizon, entre les deux barques, on aperçoit un voilier.

Tunis. Les quais.

Les travaux s'étaient poursuivis pendant cinq ans : le 28 mai 1893, le port fut inauguré solennellement en présence de hautes personnalités françaises, tunisiennes et étrangères, parmi lesquelles Raymond Poincaré, alors ministre de l'Instruction publique. De l'avis de témoins, cette inauguration fut l'occasion de fêtes « *splendides* » qui durèrent deux jours. De nombreux journalistes avaient été conviés pour relater l'événement : la ville entière pavoisait, alors que la foule « *était massée sur l'avenue de la Marine, où il y eut une bataille de fleurs* ». Le lendemain, se déroula « *une très belle fantasia exécutée par des cavaliers venus de tous les points de la Régence* ».

En réalité, les travaux continuèrent bien au-delà de ces festivités : en 1897, Bégouen écrivait que les quais n'étaient pas encore terminés, même si désormais les passagers abordaient à Tunis et s'il régnait dans ce port une grande activité. Chaque mois, poursuivait-il, un nouvel appontement était livré aux navires, ou un nouveau hangar pour les docks. « *Le port est creusé assez profondément pour que les plus gros navires puissent y pénétrer et en eau toujours calme, car le chenal venant de La Goulette a près de 10 kilomètres et aucune tempête ne peut y avoir sa répercussion.* »

Le port de Tunis. Cette carte est signée F. Soler, un grand nom de la photographie à Tunis. Sur la droite, on aperçoit un quai à peine ébauché, alors qu'en d autres endroits du port accostent de gros navires.

Tous ceux qui arrivèrent à Tunis ou en repartirent par bateau, à l'époque du protectorat, se souviennent certainement du lent cheminement du navire dès qu'il entrait dans le chenal, alors qu'un remorqueur prenait en main la manœuvre. Il n'était pas rare d'apercevoir, au large de

Tunis. Les quais du port.

La Goulette, un groupe de marsouins bondissant dans les vagues. La plupart des passagers se tenaient sur les ponts et, accoudés aux rambardes, regardaient se succéder les paysages aux teintes douces, à fleur d'eau. D'un côté, sur la ligne d'horizon, se découpaient la silhouette du Bou-Kornine, la montagne aux deux cornes et celle, plus massive, du djebel Ressas. Le port, en effet, devint vite un lieu fréquenté, sans parler de tout le trafic maritime et des échanges commerciaux en particulier qui s'y développèrent d'année en année : les Européens, Français et Italiens surtout, y transitaient pour se rendre dans leur mère patrie, les Tunisiens s'y embarquaient pour les pèlerinages à La Mecque.

Les matériaux provenant des travaux de creusement et d'aménagement du port de Tunis servirent à édifier la digue où fut construite une ligne de chemin de fer reliant Tunis, La Goulette et La Marsa, à travers le lac, où passa le fameux TGM, connu de tous les Tunisois.

La cathédrale de Tunis

C'est la volonté d'un homme, le cardinal Lavigerie, qui donna son orientation à l'Eglise catholique en Tunisie. Elle fut à l'image de son temps, celui de l'expansion coloniale, auquel adhérait le cardinal : il voulut que cette Eglise témoigne de la chrétienté en pays musulman et qu'elle soit entourée de prestige. Répondant à sa proposition, le Vatican ressuscita l'antique Eglise d'Afrique qui avait survécu jusqu'au XIIe siècle. Déjà évêque de Tunis et d'Alger, le cardinal fut nommé archevêque de Carthage et primat d'Afrique, en 1884. Ces titres et fonctions étaient en vigueur dans l'Eglise des premiers siècles.

Pendant la longue période des Capitulations (1577-1881), les lieux de culte furent réglementés : le consul et les négociants du fondouk avaient une chapelle ; les chrétiens du Quartier franc, une église dans la médina, Sainte-Croix, et un cimetière hors les murs, Saint-Antoine, doté lui aussi d'une chapelle pour l'office des défunts. Après 1881, l'Eglise sortit de sa discrétion, selon les desseins du cardinal Lavigerie. Ce dernier s'adressait aux fidèles par des *lettres circulaires*, où il expliquait son action et en appelait à leur générosité. Deux lieux devaient en effet témoigner de ce renouveau de l'Eglise en Tunisie : Carthage, qui avait été le cadre de la grandeur antique, et Tunis, qui en incarnait l'avenir.

Aussi le cardinal avait-il en premier lieu édifié une cathédrale à Carthage à la mémoire de l'ancienne Eglise d'Afrique, depuis les martyrs des premiers siècles, tels par exemple Cyprien, Perpétue et Félicité, jusqu'à Saint Louis qui, en 1270, y mourut de la peste. En 1891, le cardinal s'apprêtait à consacrer cet édifice, désigné sous le nom de cathédrale ou de primatiale, avant de continuer vers d'autres projets. Pour financer cette construction, il avait fait appel, entre autres, aux descendants de Saint Louis et de ses compagnons : deux cent cinquante blasons figurent sur les murs de l'édifice, témoins de ces illustres familles de donateurs, ainsi que l'avait promis le cardinal en reconnaissance de l'aide apportée.

Une chapelle, qui pouvait contenir une cinquantaine de personnes, avait été construite en 1841 sur un terrain concédé par Ahmed-Bey au roi Louis-Philippe, tout près du lieu où s'éleva la cathédrale de Carthage. Réplique miniature de la chapelle royale de Dreux, elle menaçait ruine en 1882 et surtout ne correspondait plus à la position nouvelle de l'Eglise en Tunisie. Elle fut détruite en 1950.

Mais, expliquait par ailleurs le cardinal, l'augmentation de la population et l'érection d'un diocèse en Tunisie avaient rendu nécessaire à Tunis la construction d'un édifice plus vaste que le sanctuaire des Pères Capucins, c'est-à-dire l'église Sainte-Croix, dans la ville ancienne : le nouvel archevêque et primat devait pouvoir célébrer « *dignement* » les offices pontificaux.

Carthage. La primatiale.

Carthage. Ancienne chapelle Saint Louis.

Pourtant, dès 1881, le cardinal avait fait construire une cathédrale à Tunis mais il la jugea vite trop petite, et surtout, bâtie à la hâte en moins d'un an, il la décréta dangereuse. Un témoin déjà évoqué, Marcel Gandolphe, rapporte que, pour inciter les fidèles à la générosité, il leur prédisait dans ses sermons aux offices du dimanche que, s'ils tardaient, la voûte de l'église s'effondrerait sur leurs têtes : « *Ces paroles étaient dites avec chaleur et la force d'âme particulière à monseigneur Lavigerie et inquiet, tout enfant que j'étais alors, je regardais bien souvent le plafond de la nef, craignant de le voir s'effondrer sur moi.* » Le témoin avait ajouté que la voûte de l'église, « *peinte en bleu, était constellée d'étoiles d'or* » mais qu'avec le temps « *des fissures inquiétantes lézardaient les murs* ».

L'avenue de la Marine à Tunis. Cette vue est une des rares qui présentent, bien que partiellement, la première cathédrale de Tunis, tout près de laquelle fut construite la nouvelle, en face de la résidence générale : on voit, à gauche, l'unique tour du bâtiment, construit en longueur, à l'angle de la rue d'Alger et de l'avenue de la Marine. (Fonds Sauveur Farrugia.)

La deuxième cathédrale, commencée en 1890, fut inaugurée en 1897, après bien des difficultés, financières entre autres : elle fut ouverte au culte inachevée, en particulier sans les tours prévues. Les Tunisois purent voir pendant dix ans des tours en bois provisoires.

La place de la Cathédrale à Tunis.

Lors de son passage à Tunis en 1896, Bégouen parle « *des chantiers de la nouvelle cathédrale* » : « *elle ne s'élève encore qu'à la hauteur d'un premier étage, mais ses travaux doivent être activement poussés* », et il ajoute : « *elle sera un peu resserrée entre les maisons voisines* ».

Le choix du terrain souleva le premier problème à résoudre : le cardinal voulait ériger cette construction en face de la résidence générale et situer l'Eglise, symboliquement, au cœur de la ville nouvelle, sur le même plan que le pouvoir temporel. Or, cet emplacement était, depuis la fin du XVIe siècle, occupé par le cimetière des chrétiens dans la Régence, Saint-Antoine. Il avait été déclaré insalubre avant même l'établissement du protectorat et fermé aux sépultures nouvelles depuis que les constructions de la ville européenne gagnaient tout autour. Le cardinal en hâta la désaffectation : un arrêté paru au Journal officiel du 30 avril 1890 autorisait la plantation d'arbres dans ce cimetière, ainsi que la construction de la nouvelle cathédrale ; un deuxième arrêté, le 28 avril 1891, le déclara désaffecté. Mais le cardinal eut à affronter l'opposition des familles dont Saint-Antoine était depuis toujours le lieu de sépulture. Un compromis fut trouvé : ceux qui le désiraient auraient leurs tombes dans la crypte de la future cathédrale ; quant aux autres, le cardinal ayant acheté de ses deniers un terrain du côté de Bab-el-Khadra, ils y feraient transporter leurs défunts, en attendant que viennent reposer dans cet endroit les nouveaux immigrants. Le cimetière chrétien de Bab-el-Khadra fut inauguré le 26 mars 1882.

La cathédrale fut placée sous la protection de saint Vincent de Paul et de sainte Olive. Le premier vécut au XVIIe siècle ; captif des corsaires, il passa deux années dans les bagnes de Tunis et oublia ses misères pour soulager celles des autres. La seconde, originaire de Palerme en Sicile, se dévoua à Tunis au XIVe siècle dans des œuvres de charité, choisissant la mort plutôt que de renoncer à sa foi : « *Elle eut la tête tranchée devant une multitude infinie* » au cœur même de Tunis. Le cardinal avait choisi ces vies exemplaires pour servir de modèles aux chrétiens de ce pays, leur réapprendre une période de l'histoire de l'Eglise et unir dans la foi les Français et les Italiens : ces fidèles des deux nations les plus représentées à Tunis étaient trop souvent opposés sur le plan politique.

L'Eglise en Tunisie avait le statut de *mission*, érigée en *vicariat apostolique* en 1841 : l'administration, dont le siège était Tunis, en fut confiée, en 1843, à monseigneur Fedele Sutter, appartenant à l'ordre des Capucins, dont la présence en ces lieux est attestée dès le XVIe siècle. Le cardinal Lavigerie désira mettre fin au « règne » des Capucins italiens, alors que le pays allait devenir *diocèse de Carthage* : la diplomatie française auprès du Saint-Siège obtint qu'après la démission de monseigneur Sutter, très âgé, un prélat français soit nommé comme successeur : ce fut le cardinal Lavigerie, en 1881.

Monseigneur Sutter portait le titre d'évêque de Rosalia, *in partibus infidelium*. Le cardinal Lavigerie, comme l'on sait, avait reçu celui d'archevêque de Carthage, primat d'Afrique, qui en fit un des plus hauts dignitaires de l'Eglise de Rome : cette position était conforme à la volonté du cardinal pour le prestige de la religion catholique en Tunisie.

Constructions publiques et privées, rues nouvelles, quartiers neufs

L'administration du protectorat, pour fonctionner, eut besoin de bureaux où installer ses services. Paradoxalement, comme l'avaient fait les militaires, c'est dans la ville ancienne que, pour la plupart, ils furent implantés : on réaménagea certains bâtiments, on en construisit d'autres, surtout dans la partie haute, autour de la place de la Kasbah.

Le palais de Dar-el-Bey devint le siège du gouvernement tunisien à l'époque du protectorat comme après l'indépendance : ses vastes

Dar-el-Bey, le patio.

bâtiments s'ouvraient au sud de la place de la Kasbah, à la limite ouest du quartier des souks. Ce palais beylical était surtout affecté, avant 1881, à des réceptions officielles et le bey y tenait également deux fois par semaine une séance de justice où ses sujets pouvaient directement lui exposer leurs plaintes. Mohammed-es-Sadok, décédé en 1882, avait déjà fait installer des bureaux administratifs à l'étage du palais.

Sur le côté ouest de la place fut construite en 1892 la direction des Finances, dans un style néo-tunisien, avec arcatures et coupoles, d'un bel effet. Sur le côté est de cette même place s'éleva, également en 1892, la direction des Travaux publics, en partie neuve, en partie aménagée dans des locaux préexistants.

Entre le quartier des administrations, à la kasbah, et le collège Sadiki fut construit le palais de justice, édifice imposant qui fut achevé en 1901. La façade, sur le boulevard Bab-Benat, présentait une galerie bordée de colonnes accouplées au premier étage dont les parois furent revêtues de faïences tunisiennes.

D'autres administrations centrales furent installées dans les environs de Dar-el-Bey, comme la direction de l'Agriculture, du Commerce et de la Colonisation, en 1911, la direction de l'Instruction publique et des Beaux-Arts en 1912, ou celle de l'Armée tunisienne en 1913. Ainsi Tunis, qui devenait une ville double, présentait également un dédoublement des centres politiques et administratifs du pays, à l'image du protectorat : le résident général, entouré de ses services, siégeait à la résidence générale, dans la ville nouvelle. Le gouvernement tunisien, avec ses différentes directions (ministères), où l'élément français cependant était majoritaire et quasi souverain, se trouvait dans la ville ancienne.

Parmi les constructions administratives implantées dans la ville européenne, il faut citer l'hôtel des postes, rue d'Italie, où fut installé l'Office postal tunisien, avec tous ses bureaux ainsi que les services destinés au public : « *Il ne serait déplacé dans aucune grande ville du continent et fait vraiment honneur à l'architecte qui l'a dessiné aussi bien qu'à l'administration qui l'a fait bâtir* », écrivit Bégouen dans son récit de voyage en Tunisie.

Il fut inauguré en 1891, « *en présence de S.A. le Bey, à 9 heures du soir, avec punch à la suite* ». Un album fut édité à cette occasion, comme en témoigne l'exemplaire conservé aux archives du Quai d'Orsay. Il présentait les photographies des différentes façades de l'édifice qui ouvrait sur trois rues et celles de tous les services regroupés en ces lieux.

Tunis. La grande poste et la rue d'Italie. (Fonds Sauveur Farrugia.)

Le lunch pour l'inauguration de l'hôtel des postes fut servi dans le hall du public, magnifiquement décoré.

Décoration du hall du public pour l'inauguration de l'hôtel des postes, 1891. (Archives du ministère des Affaires étrangères, Paris.)

Tunis était devenu un centre commercial de première importance : le commerce de détail d'abord se développait d'une manière continue avec la création de nombreux magasins de toutes dimensions, dont certains de conception moderne : le Magasin Général, par exemple, créé dès 1883, avait été organisé à l'image des nouveaux centres parisiens *« à rayons multiples »*. Tous ceux qui vécurent à Tunis ont connu l'architecture à arcades de ce magasin, tout près de la porte de France et qui finit par s'étendre sur trois rues, après avoir annexé les immeubles voisins pour s'agrandir.

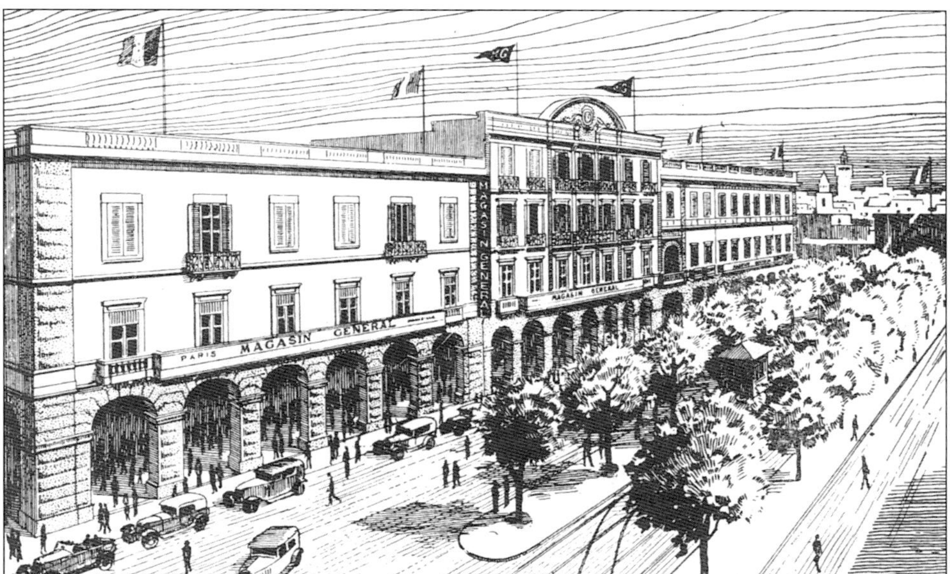

Tunis, le Magasin Général. (Dessin extrait de la revue Le Grand Tourisme, *n° 144, janvier 1931.)*

Ensuite, le grand commerce, d'importation et d'exportation, prenait lui aussi de l'ampleur : il fallut créer des organismes bancaires et de crédit, succursales d'établissements de métropole, tel, entre autres, le Crédit lyonnais.

TUNIS. — LE CRÉDIT LYONNAIS, 5, RUE DE BÔNE

Tunis. Le Crédit lyonnais, 5 rue de Bône.

La ville se développait rapidement, d'abord suivant cet axe ouest-est qui allait de la porte de France jusqu'au port. Des rues nouvelles s'ouvraient de part et d'autre, se coupant à angle droit en formant des damiers : dès que les travaux de voirie le permettaient, eau potable et écoulement des eaux usées en particulier, s'élevaient des îlots de constructions particulières ou des petits immeubles. Les égouts à ciel ouvert disparurent progressivement, au fur et à mesure qu'était poursuivie la construction d'un réseau souterrain, commencé en 1891 avec l'ensemble du système nécessaire à l'écoulement et à l'épuration des eaux usées : « *Au terme d'un effort échelonné sur plus de vingt ans, la ville s'en trouva assainie* », précise Paul Sebag, un des historiens de Tunis.

C'est en premier lieu sur la partie droite de l'avenue de France, en venant de la porte du même nom, que se développèrent les rues de la ville nouvelle : la rue d'Italie et les rues qui la recoupaient, comme la rue d'Allemagne, donnant à l'est sur la rue Es-Sadikia, jusqu'à l'avenue de Carthage : le plan de Tunis (fonds Sauveur Farrugia), reproduit dans le chapitre précédent, permet de suivre avec clarté les espaces où se firent ces développements.

Tunis. Avenue de Carthage. (Fonds Sauveur Farrugia.)

La ville ancienne et la ville nouvelle se trouvèrent reliées, sur une frontière allant du sud au nord, par un faisceau de rues dont les principales furent, d'un côté la rue Al-Djazira, de l'autre les rues des Maltais et de Bab-el-Khadra. Leur tracé, sinueux, suivait celui des anciennes murailles de la médina.

Après l'aménagement de la partie gauche de l'avenue de France, avec en particulier la rue de Rome, des rues s'ouvrirent de part et d'autre de l'avenue de la Marine, c'est-à-dire Jules Ferry après 1900 : face à l'avenue de

150 TUNIS. — Rue Al-Djazira et Grand Hôtel de Paris. — LL.

Tunis. La rue Al-Djazira et le Grand hôtel de Paris.

Carthage, on traça l'avenue de Paris : entre ces deux grandes voies et le port, de nombreuses rues se recoupant à angle droit virent le jour au fur et à mesure des années. L'une d'entre elles, du côté du port, la rue de Belfort, était promise à un bel avenir : elle devint l'avenue Gambetta, large et majestueuse, plantée de chaque côté d'une double rangée de palmiers, parallèle aux bords du lac et partant de l'est en direction du nord de la ville : « *Lorsque, dépassant le square de Jules Ferry, mes regards s'étendent tout au long de la magnifique esplanade de l'avenue Gambetta, je cherche en vain la trace de la pauvre petite rue de Belfort, qui se trouvait à la limite du deuxième terre-plein et terminait alors l'avenue de la Marine* », écrivait Edmond Martin dans la conférence qu'il fit en 1954, « Si Tunis m'était conté ».

Les infrastructures nécessaires à la vie urbaine s'édifiaient, d'abord suivant la poussée naturelle du développement de la ville, dans la partie située entre la porte de France et le port : le marché central, « *aux grands murs blancs ornés de faïences bleues* », fut ouvert en 1890, rue d'Italie, presque en face de l'hôtel des postes. Le *Guide Joanne* en conseillait la visite aux touristes, « *spectacle intéressant le matin* », et Bégouen, en 1897, en donne une description enthousiaste, soulignant l'animation qui y régnait et la profusion des marchandises de toutes sortes, parfumées, colorées, luisantes, amassées là pour le plaisir des sens : « *On l'a construit*

Tunis. Avenue Gambetta. (Fonds Sauveur Farrugia.)

récemment, tout en lui conservant la forme des anciens fondouks : un large quadrilatère couvert avec une vaste place intérieure. [...] Sous les voûtes qui l'entourent sont les revendeurs attitrés qui ont chacun leur boutique. » Il parle aussi des « *marchands des environs* » qui viennent y vendre « *quelques sous de légumes ou de volailles* » et des porteurs, petits ou grands, qui cherchent à louer leurs services aux clients trop chargés. Cet ensemble fut agrandi par la suite.

Le marché resta toujours un lieu très animé où se côtoyaient toutes les populations de la ville, vendeurs et acheteurs, comme en témoigne la photo d'archives ci-après prise en septembre 1953, dans les dernières années du protectorat.

En 1901, la municipalité de la capitale emménagea dans un bâtiment neuf, avenue de Carthage, alors qu'elle avait jusque-là occupé des locaux provisoires. Quand le bey Mohammed-es-Sadok avait créé la municipalité de Tunis, en 1858, on se souvient qu'il l'avait installée à Dar-Hussein, dans la ville ancienne.

Tunis qui s'organisait dans son rôle de capitale moderne s'équipait aussi pour dispenser des soins aux malades et veiller à la santé publique : l'hôpital Sadiki fut rénové et agrandi ; un hôpital militaire créé au Belvédère, alors que l'armée fermait le service des Ambulances à La Manouba ; un

Un aspect typique du marché, septembre 1953. (Archives du ministère des Affaires étrangères, Paris.)

Tunis. La municipalité. (Fonds Sauveur Farrugia.)

hôpital civil français, bâti sur les hauteurs de la ville, fut inauguré en 1899 ; en 1904, l'Institut Pasteur, créé en 1900, s'installa dans des locaux neufs près du Belvédère ; un hôpital italien avait été construit en 1901 sur les hauteurs du nouveau quartier de Montfleury. De nombreux dispensaires, et quelques cliniques privées, s'ouvrirent avec le temps un peu partout dans Tunis, au fur et à mesure que cette dernière s'agrandissait. En plus de l'équipement public ouvert à tout le monde, chaque communauté avait son hôpital.

La ville se couvrit d'écoles. Il n'est pas question ici d'en établir la liste complète mais il faut mentionner quelques établissements, parmi beaucoup d'autres qui mériteraient de l'être : en premier lieu, le lycée Carnot, pour les garçons, dont l'origine vaut d'être notée. Il s'agit en effet d'un établissement catholique, le *collège Saint-Charles*, fondé en 1882 par le cardinal Lavigerie, vendu à l'Etat en 1889, érigé en *lycée de Tunis* en 1893 et devenu *lycée Carnot* en 1898, en hommage au président de la République, Sadi Carnot, assassiné à Lyon en 1894. Des générations de jeunes de toutes nationalités y firent leurs études et il reste, dans l'esprit de ceux qui l'ont fréquenté, un lieu de culture et de fraternité. Il porte désormais le nom de *lycée Habib Bourguiba*, en témoignage d'une autre histoire, celle de la Tunisie indépendante.

Pour les filles, exista d'abord l'*école Jules Ferry*, classes primaires et école secondaire. Lors de la visite en Tunisie du président de la République Armand Fallières, en 1911, les grandes classes reçurent le nom de ce dernier, en hommage, ainsi que l'annonça le discours du résident général Alapetite, prononcé devant le président : « [la Tunisie] *sera fière de consacrer les liens qui vous unissent à la mémoire de Jules Ferry, en associant vos deux noms sur la façade d'un de nos grands établissements scolaires qu'un succès trop prompt nous oblige à dédoubler* ». Armand Fallières, en remerciement, accorda trois jours de congé à ces écoles et, d'après le compte rendu du Journal officiel du 21 avril 1911, les élèves entonnèrent *La Marseillaise « pour exprimer leur joie »*. Un décret du 1er janvier 1915 créa officiellement les deux établissements : le petit lycée Jules Ferry pour les classes primaires et le lycée Armand Fallières pour le secondaire.

Le collège Sadiki, déjà mentionné, compta parmi les principaux établissements scolaires de Tunisie : on se souvient que, à sa création, en 1875 il avait été installé dans une ancienne caserne. Il intégra ensuite un bâtiment neuf, construit de 1893 à 1897 sur un terrain de quatorze mille mètres carrés, situé près de la kasbah. C'est dans cet établissement qu'Habib Bourguiba fit ses études secondaires.

L'enseignement professionnel ne fut pas oublié : l'école *Emile Loubet* pour les garçons et le collège *Paul Cambon* pour les filles entrèrent en fonction, le premier en 1903, l'autre en 1914, parmi d'autres qui s'ajoutèrent avec le temps.

L'une des grandes réalisations dans le domaine de l'enseignement fut l'*Ecole coloniale d'agriculture de Tunis*, en 1898, construite sur la route de l'Ariana, dans les environs de la capitale. Aujourd'hui encore, une association très active d'anciens élèves de l'ECAT entretient et perpétue le souvenir de cet établissement : pendant de longues décennies, il forma des spécialistes de l'agriculture, techniciens et praticiens qui pour certains s'installèrent en Tunisie, mais dont la plupart s'en allèrent aux quatre coins du monde.

Tunis. Ecole coloniale d'agriculture. Cette carte postale est la reproduction d'une photo prise au tout début du XXe siècle et signée F. Soler.

Par ailleurs, toutes les communautés avaient leurs écoles privées confessionnelles qui doublaient l'enseignement officiel et laïc du protectorat : nombreuses écoles coraniques et médersas, écoles de l'Alliance israélite, écoles royales italiennes, établissements catholiques en tout genre.

Le casino de Tunis, 1904.

La façade du théâtre municipal en 1911.

En 1936, un nouvel établissement vint ajouter au renom de la congrégation des sœurs de Saint-Joseph : l'Institut Emilie de Vialar, au Belvédère.

On construisit des salles de spectacles, cinémas et autres lieux de distraction, où se côtoyaient résidants du pays et touristes : la saison des spectacles battait son plein de l'automne à la fin du printemps et constituait chaque hiver un des attraits de la capitale.

L'équipement hôtelier dû à l'initiative privée se développait et, à la veille de la guerre, il semble qu'on ait pu dénombrer une vingtaine d'hôtels : les plus prestigieux de ces premiers temps furent le Tunisia-Palace (1903) et le Majestic hôtel (1914). Cafés renommés et restaurants de toutes sortes s'ajoutaient à cet équipement.

Un autre lieu de distraction, réservé aux spectacles de music-hall, avec restaurant et salle de jeux, fut construit au début du XXe siècle (1901), à deux kilomètres environ du centre historique constitué par les avenues de France et Jules Ferry : la poussée urbaine qui s'exerçait de tous côtés eut pour conséquence la construction de nouveaux quartiers. Ainsi, par exemple, au nord de la ville, au-delà du passage de la voie ferrée Tunis-La Goulette, s'édifia peu à peu autour du parc du même nom un quartier élégant et recherché, le Belvédère. Sur cette colline, d'où l'on dominait la ville à 82 mètres de hauteur, s'éleva le casino.

Les espaces verts aussi faisaient partie des agréments qu'offrait la ville nouvelle : le plus grand d'entre eux fut le parc du Belvédère, dont la réalisation fut entreprise en 1892.

En plein milieu du parc, on put voir quelques années plus tard un élégant édifice, ouvert sur trois côtés, la *koubba* (ou kouba), également appelée *kiosque*. Il présente une décoration raffinée : les arcs et les voûtes sont en plâtre entièrement sculpté, les murs ornés de céramiques tunisiennes, le sol et les colonnes de marbre blanc. Ce pavillon, construit probablement au XVIIe siècle dans un parc de La Manouba, tombait en ruine quand il fut transporté au Belvédère en même temps que restauré, en 1901. De la kouba, lieu de promenade très fréquenté, le panorama sur Tunis et le lac était remarquable : d'innombrables cartes postales représentant l'endroit ont fait partager l'enthousiasme des visiteurs à de lointains destinataires.

Le Belvédère et la kouba.

Tunis s'équipait en terrains de sport et autres structures de loisirs. Ils furent implantés surtout dans les quartiers neufs, au fur et à mesure que la population augmentait et que se développaient les associations sportives,

La piscine municipale de Tunis. Le bassin.

très nombreuses dans la Tunis du protectorat. Une piscine municipale fut aménagée sur les pentes du Belvédère, près de la place Pasteur.

Il est à noter que l'organisation cloisonnée des communautés, mêlées dans les espaces publics mais repliées, dans l'existence quotidienne, sur leurs écoles, leurs hôpitaux, leurs associations sportives et caritatives, correspondait à une situation plus complexe qu'il n'y paraissait : certainement conforté par le système colonial qui établissait naturellement une séparation entre les différents groupes ethniques, ce cloisonnement était, sans doute aussi, hérité de l'organisation traditionnelle des minorités chrétiennes en pays d'islam. L'histoire du Quartier franc et des fondouks de France et d'Angleterre illustre ce point de vue : pendant la journée, chacun vaquait à ses affaires, commerçait avec tout le monde, mais le soir venu rentrait dans ses enclaves, sans plus se mêler à la vie des musulmans du pays, autour de son consul, parmi ses nationaux, protégé et encadré par les lois de son pays. Ce système de vie, on s'en souvient, avait été réglé par des accords, les Capitulations, signés en 1536 entre François Ier et Soliman le Magnifique. Avant l'établissement du protectorat, chaque communauté, musulmane, israélite et chrétienne, était organisée selon ce système qui perdura probablement dans la mentalité des populations.

Mais le fait que l'une des minorités chrétiennes soit devenue prépondérante dans un cadre colonial occulta l'origine de cette organisation et en changea le sens.

Il y avait désormais deux villes pour une capitale : l'accroissement de la population rendait indispensable le développement des transports en commun par voie ferrée, sans parler du réseau routier qui partait de Tunis vers tous les points du territoire. Les premières lignes de tramway entrèrent en service en 1886 et jusqu'en 1900, dans un premier temps, le réseau subit une extension continue. Passant de la traction animale à la traction électrique, il relia plus commodément la ville ancienne et la ville nouvelle ; les quartiers suburbains, tels que l'Ariana, La Manouba, le Bardo, Bab-Saadoun ; les quartiers neufs, le Belvédère, Montfleury, Franceville et les autres ; et les banlieues : un réseau déjà ancien reliait Tunis à La Goulette et La Marsa, traversant les centres des bords de mer tels le Kram, Carthage, Sidi-Bou-Saïd, que les Tunisois fréquentaient assidûment à la belle saison. Les voies ferrées empruntées par le TGM partaient de Tunis à la gare du Nord, longtemps dite « italienne » parce qu'exploitée par la compagnie Rubattino. Le plan du *Guide Joanne* laisse bien apparaître ce réseau : une ligne rejoignait Le Bardo, l'autre La Goulette et La Marsa, avec un embranchement, d'où une ligne secondaire menait jusqu'au port.

Tunis. La gare du Nord.

Plage des environs de Tunis : un groupe de jeunes baigneuses à Amilcar, 1931. (Fonds Lhospital-Niemtchinow.)

De la gare du Sud, ou française, partaient les voies ferrées exploitées par la compagnie de Bône-Guelma, c'est-à-dire les trains vers l'Algérie, puis vers Sousse. D'autres lignes se développèrent par la suite, les voyageurs devenant plus nombreux et le fret plus important d'année en année.

Les historiens qui ont étudié dans le détail le développement de Tunis estiment que le centre de la ville nouvelle présentait en 1914 l'aspect qu'il devait garder jusqu'à l'indépendance : comme toutes les villes à grand développement, Tunis s'étendrait désormais par ses banlieues, en cités résidentielles et zones industrielles.

Mais cette ville avait grandi trop vite, sans plan d'ensemble, même pour le centre historique : les édifices publics ou religieux se trouvaient bâtis sur des emplacements resserrés, au long de rues étroites, qui empêchaient toute mise en valeur de leur architecture ; il y avait peu de promenades, peu de belles perspectives, avec des jardins et des squares de petites dimensions, le plus souvent, à l'exception du parc du Belvédère. Aussi, dans les années trente, conscients de ces défauts, les architectes urbanistes élaborèrent-ils un plan d'aménagement, établissant la distinction entre ville ancienne et ville nouvelle.

TUNIS. — La Place et la Gare du Sud.

Tunis. La place et la gare du Sud.

Pour la première, il s'agissait de sauvegarder son caractère, en soumettant tous travaux de restauration ou de construction à des normes strictes, et surtout d'assainir le quartier juif de la Hara : il fut presque entièrement reconstruit et cette réhabilitation dura plusieurs années, de 1936 à 1939. Pour la ville moderne, et selon la synthèse que fait Paul Sebag dans son œuvre *Tunis, histoire d'une ville*, la municipalité établit un plan en trois zones : le centre, tel qu'il était déjà, réservé aux activités commerciales de détail et aux bâtiments d'habitation à étages ; une zone résidentielle, plus loin vers les marges de la ville, à cette époque, destinée à des constructions limitées à un étage et entourées de jardins ; enfin une zone qui accueillerait toutes les activités industrielles, « *même dangereuses et insalubres, où les constructions à usage d'habitation ne pourraient être autorisées qu'à titre exceptionnel* ».

C'est dans les années de l'entre-deux-guerres que s'acheva l'aménagement de l'avenue Gambetta ; avec ses deux rangées de palmiers, remontant vers le nord de la ville en longeant les bords du lac, cette esplanade fut une des belles perspectives de la ville nouvelle. Elle prit le nom d'avenue Mohammed V après l'indépendance.

Tunis à la veille de l'indépendance

La ville de Tunis et ses banlieues ne cessaient de se développer : la population, toutes communautés confondues, doubla entre les années 1936 et 1956, passant de 200 000 habitants à plus de 400 000 pour Tunis-ville. L'ensemble de l'agglomération de Tunis comptait plus d'un demi-million d'habitants à la veille de l'indépendance, alors que la population totale du pays était de 3 783 169 habitants.

Les statistiques faisaient apparaître une croissance ralentie des Européens, dont le nombre en 1956 s'élevait, pour Tunis, à environ 73 000 habitants, mettant en évidence, au contraire, une explosion démographique pour les Tunisiens, qui étaient passés de 100 000 à 300 000 à peu près sur une période de 25 ans. Dans les années trente, les premiers composaient à peu près la moitié de la population de la ville mais, en 1950, les seconds en représentaient les trois quarts. Cet accroissement démographique ne pouvait que provoquer des mutations sans précédent pour Tunis.

Toutes les structures urbaines en subirent les conséquences, même si la médina et le centre de la ville européenne ne purent que se densifier sur le plan de la population, et très peu sur celui des constructions, puisque ces zones ne pouvaient s'étendre en superficie.

Nouveaux quartiers

Les archives du ministère des Affaires étrangères, au Quai d'Orsay, conservent une importante série de photographies qui illustrent divers aspects, sociaux, politiques, économiques, de la ville de Tunis pendant les toutes dernières années du protectorat. Pleines d'intérêt, elles peuvent aider à faire revivre certaines réalités, certaines caractéristiques de la ville à cette époque.

Tout d'abord, il fallut faire face, pendant la décennie qui suivit la seconde guerre mondiale, d'une part aux reconstructions des habitations, immeubles et maisons individuelles, bâtiments industriels et infrastructures diverses, détruits par faits de guerre : les Alliés bombardèrent Tunis pendant six mois afin d'arrêter la progression des forces germano-italiennes et mettre hors service les points stratégiques tels que voies de communication ou centres d'approvisionnement. D'autre part, il fallut répondre aux besoins de logements, dus à l'accroissement démographique de l'agglomération tunisoise : des quartiers furent agrandis, comme celui d'El Omrane, constitué en 1920 par une société d'habitations à bon marché (HBM) et peuplé de fonctionnaires tunisiens. Ce nouveau quartier, sorte de petite cité satellite, comme d'autres du même type, était situé à proximité du quartier de Franceville, au nord de la médina.

Environs de Tunis. El Omrane, 1955. Cette photo porte la légende suivante : « Pour résoudre le problème du logement, des cités de style traditionnel, principalement destinées aux sinistrés et aux anciens combattants tunisiens, ont été édifiées à la périphérie de Tunis. » *(Archives du ministère des Affaires étrangères, Paris.)*

Ainsi du quartier neuf d'El Menzah : il connut par la suite une telle extension qu'il déborda de la commune de Tunis pour continuer sur celle de l'Ariana, banlieue résidentielle située à 4 kilomètres au nord de la capitale. A côté de zones pavillonnaires jusque-là préférées des Tunisois, la ville construisit des habitations collectives pour répondre plus vite à la demande, tout en occupant moins d'espace.

Un quartier neuf de Tunis : El Menzah, 1955. La légende qui accompagne la photo signale que « plus de 2 000 logements neufs ont été construits depuis 1945, avec l'appui financier de la France », *la crise du logement étant aiguë à Tunis à cause de l'augmentation du nombre d'habitants. (Archives du ministère des Affaires étrangères, Paris.)*

A la veille de l'indépendance, les deux villes, l'ancienne, dite arabe, et la nouvelle, dite européenne, restaient caractérisées par l'origine des populations, mais on n'y observait pas de ségrégation stricte : d'après les chiffres fournis par Paul Sebag, la médina comptait, en 1956, un total de 58 956 habitants, sans ses faubourgs, répartis de la manière suivante : à peu près 29 000 Tunisiens, 10 000 israélites et près de 19 000 Européens, ces derniers plus spécialement implantés dans le périmètre de l'ancien Quartier franc. Dans la ville moderne, on dénombrait 170 000 habitants, dont les deux tiers étaient des Européens.

Nouveaux faubourgs

Ainsi, l'afflux de population, discernable entre les recensements de 1936 et 1946, profita pour une part aux deux villes, poussant surtout à l'expansion organisée de nouveaux quartiers. Mais, parallèlement, il affecta la ceinture extérieure des banlieues par la création spontanée de « *nouveaux faubourgs* » à l'urbanisme sauvage. La mécanisation des campagnes et l'appauvrissement des petits fellahs tunisiens avaient déjà provoqué un flux migratoire vers la capitale. Par ailleurs, après la campagne de Tunisie, de novembre 1942 à mai 1943, et les dévastations de la guerre, après les bombardements qui avaient endommagé Tunis, se produisirent des déplacements de populations. Parties de lieux différents, ces dernières se rencontrèrent dans un même espace : d'une part, les habitants des quartiers pauvres, bombardés, s'en allèrent vers la périphérie de la ville, s'y installant comme ils purent ; d'autre part, les petites gens des campagnes, en nombre, fuyant aussi bien les champs minés que le chômage, cherchèrent refuge et travail dans cette même périphérie de la capitale.

Celle-ci fut bientôt ceinturée de zones où s'élevèrent des constructions de fortune, en des lieux non viabilisés, dépourvus d'eau courante et d'électricité, communément appelées *gourbivilles*, allusion au mode de construction que les habitants des campagnes avaient exporté vers la capitale : « *On ne peut pas les appeler bidonvilles car, sauf exception, la tôle n'intervient guère dans leur construction. On leur donne à plus juste titre le nom de gourbivilles, dès lors que les gourbis en* toub *ou en pierre constituent le type d'habitation dominant* », écrit Paul Sebag. Il ajoute qu'avec le temps ces zones finiraient sans doute par s'urbaniser, à la manière des vieux faubourgs de Bab-Djazira et Bab-Souika, nés de la surpopulation de la médina. Ces nouveaux faubourgs, au nombre de neuf, entourèrent la ville de tous côtés, sauf une partie, à l'est, occupée par le port et ses extensions : ils formèrent une véritable troisième ville, enserrant les deux autres. La question des gourbivilles, après l'indépendance du pays, fut une des plus complexes que la nouvelle municipalité de Tunis eut à affronter. L'administration française avait commencé à lutter contre l'extension de ces zones, sans grand succès, dès 1951.

Quoi qu'il en soit, le propos n'est pas ici d'entrer dans le détail des développements imprévus de Tunis, mais d'évoquer quelque peu la physionomie de la capitale à la veille de l'indépendance du pays.

Nouvelles infrastructures, communications et activités urbaines

Tous les secteurs de la vie urbaine furent concernés par les efforts d'équipement d'après guerre. Il fallut par exemple construire des écoles, agrandir les unes ou rénover les autres : dans la série des photographies conservées au Quai d'Orsay, on trouve un reportage consacré à de nombreux établissements scolaires du pays, primaires, secondaires, ou franco-arabes. Concernant la capitale, par exemple, un nouveau lycée fut construit à Carthage, d'une belle architecture longiligne avec fenêtres à arceaux de style hispano-mauresque. L'Institut des hautes études, qui préparait 1 200 élèves aux deux premières années du cycle universitaire, figure dans ce reportage, comme les collèges d'enseignement professionnel de Tunis et du pays, où se formaient, en 1955, 14 116 élèves répartis dans 480 classes ou ateliers.

Un internat venait d'être construit pour l'université de l'Olivier (la Zitouna) : « *[...] De conception ultramoderne*, précisait la légende au bas de la photo, *il a été édifié hors les remparts à proximité cependant de la Grande Mosquée Zitouna où les élèves prennent leurs cours. Cet internat*

Tunis. Le collège Emile Loubet, 1955. (Archives du ministère des Affaires étrangères, Paris.)

abrite plus de 400 élèves originaires des régions de l'intérieur de la Tunisie qui disposent de grandes salles d'études, de vastes réfectoires, dortoirs et terrains de sport. »

Hôpitaux et établissements de cure, également, furent rénovés, agrandis ou construits, toujours pour faire face aux besoins d'une population en augmentation constante : l'Institut Pasteur fut rénové, un nouveau pavillon pour les tuberculeux fut construit à l'hôpital Charles Nicolle de Tunis, comme à l'hôpital Sadiki des pavillons donnant sur des jardins. En 1955 fut mis en service le centre de phtisiologie Felix Masselot, avec 300 lits, « *le plus moderne [...] existant actuellement en Afrique* ».

Il est à noter que la ville ancienne conserva toute son importance pendant la période du protectorat, en dépit des apparences à cause du développement de la ville moderne : elle restait un centre de pouvoir, avec les nombreuses administrations installées dans la partie haute, comme le Dar-el-Bey, siège du secrétariat général du gouvernement, ou l'hôtel de la division, pour l'armée ; centre de fabrication artisanale et centre d'affaires, le commerce y était actif ; elle restait enfin un centre religieux et culturel de premier plan, avec la Grande mosquée, où les écoles coraniques de tous niveaux s'étaient développées au fil du temps.

La Goulette, avant-port de Tunis, 1955. « Vue aérienne : à l'arrière-plan, le lac Bahira ; sur la droite, la banlieue nord de Tunis. » *(Archives du ministère des Affaires étrangères, Paris.)*

Concernant la vie économique, il fallut repenser, en même temps que reconstruire, les infrastructures de base : au premier rang, les ports de Tunis et de La Goulette qui avaient à absorber une augmentation du trafic maritime, importations et exportations, comme du transport de passagers. Réunis dans un projet commun, ils formèrent un grand ensemble portuaire : aux trois quarts détruits par les bombardements, l'avant-port de La Goulette et le port de Tunis furent non seulement reconstruits mais fortement développés. Les bassins des deux ports et le chenal qui les reliait furent approfondis et d'autres bassins, quais et hangars édifiés. On créa plus tard une route qui, longeant le chenal parallèlement à la voie ferrée, raccourcit le trajet entre les deux ports : commencée en 1952 elle fut inaugurée en 1955.

Le volume des exportations et des importations était en évolution rapide après les restrictions des années de guerre. Les navires de plus gros tonnage s'arrêtaient à La Goulette ; les autres continuaient jusqu'à Tunis. Ce port connaissait aussi un trafic important : il était en particulier un centre d'exportation de phosphates et de céréales.

C'est à Tunis également que transitaient la plupart des passagers : le port était alors animé par les grands paquebots qui transportaient d'une part Français et Italiens lors de séjours dans leur métropole, d'autre part les nombreux pèlerins qui partaient pour La Mecque.

Capitale en plein développement, Tunis se devait d'être facilement accessible par mer mais aussi par air et reliée par la route à tous les points du pays. Ainsi, dans le domaine des communications également, de nombreux travaux furent entrepris. On peut citer l'aérodrome d'El-Aouina, reconstruit et développé, et tout le réseau ferré et routier remis en état avec la construction d'ouvrages d'art, comme les ponts et viaducs : dans le fonds photographique consulté aux archives des Affaires étrangères, des séries entières viennent illustrer ces efforts d'équipement.

Il en est de même pour le développement des activités urbaines : si une ville vaut par l'architecture de ses bâtiments, elle sécrète tout un environnement d'activités commerciales, artisanales, industrielles, qui permettent la vie des hommes en leur fournissant travail, logement, approvisionnement, moyens de transport et tout ce qui est nécessaire à l'existence quotidienne.

Des industries alimentaires se développèrent, ou se créèrent, dans la périphérie de la ville. Au sud de ces banlieues, de grands espaces se couvrirent d'industries relatives aux matériaux de construction, au traite-

Port de Tunis. Embarquement des céréales, 1953. (Archives du ministère des Affaires étrangères, Paris.)

ment des métaux ; des industries chimiques s'implantèrent : « *La Tunisie, pendant la guerre, fut coupée de ses sources habituelles d'approvisionnement. Cette situation suscita de nombreuses et intéressantes initiatives, dont certaines [...] ont survécu et ont pu s'adapter à l'économie de paix* », peut-on lire en note explicative d'une photo prise en 1955, représentant une fabrique de fûts métalliques à Tunis.

Dans ce registre, la cimenterie de Djebel Djelloud est à citer : les besoins en ciment pour la reconstruction de la capitale et du pays étaient immenses.

Port de Tunis. Le Président de Cazalet part pour la France, 1953. (Archives du ministère des Affaires étrangères, Paris.)

Port de Tunis. Embarquement des pèlerins pour La Mecque, 1952. (Archives du ministère des Affaires étrangères, Paris.)

Tunis. La cimenterie de Djebel Djelloud, 1955. « La production de ciment de Tunisie est assurée par deux usines de création récente et dotées d'équipements modernes. Elles livrent plus de 200 000 tonnes de ciment par an. » *(Archives du ministère des Affaires étrangères, Paris.)*

Dans cette zone industrielle constituant une des banlieues sud de Tunis s'étaient implantées d'autres industries, en particulier des usines de superphosphates destinés à l'agriculture. Non loin, à Mégrine, la fonderie de La Pennaroya traitait le minerai de plomb. Plus au sud, à Ben Arous, une fabrique de tuyaux produisait notamment pour les grands barrages en construction, dans la basse vallée de la Medjerdah et pour les conduites d'alimentation en eau de la capitale.

Les équipements nécessaires aux activités urbaines occupaient de plus en plus d'espace : toujours dans cette zone des banlieues sud, à Radès, on concentra de grands réservoirs d'essence, comme les immenses cuves des gazomètres, ou réservoirs à gaz, de Tunis. A La Goulette, la centrale électrique, en grande partie détruite à la fin de la campagne de Tunisie par les Allemands, fut remise en service et vit sa production, comme sa distribution, augmenter dans des proportions considérables : il fallait fournir l'électricité nécessaire aux industries et aux tramways de la capitale, sans oublier la consommation à usage domestique, de plus en plus importante.

Il est impossible, dans un rapide exposé, de dresser le bilan de tout ce qui fut entrepris à Tunis dans les années cinquante, où il fallut reconstruire sur les destructions de la guerre et tenter de répondre aux besoins nouveaux d'une population en augmentation rapide.

Fin de la période française

Mais les réalisations ne purent suivre le même rythme que l'accroissement démographique, malgré tous les efforts entrepris. D'un côté, capitale active aux multiples fonctions, résidentielle, financière, commerciale, artisanale, culturelle, Tunis offrait à ses habitants tous les aspects de son dynamisme. D'un autre côté, à la veille de l'indépendance, elle était porteuse de problèmes multiples.

Un prolétariat sans ressources, en effet, continuait à affluer vers la capitale, s'ajoutant à ceux qui y habitaient et ne trouvait pas davantage de moyens de subsistance : même si l'on créait de nouveaux emplois, ils ne pouvaient suffire à l'afflux des demandes. Par ailleurs, la classe moyenne quittant de plus en plus la médina pour la ville européenne et les banlieues, une partie de ce prolétariat occupait aussitôt les logements libérés : ainsi s'accéléra une dégradation de la ville ancienne, qu'il fallut d'urgence, plus tard, tenter de sauvegarder. En particulier des palais, abandonnés par des familles nobles désargentées, ainsi que le notait déjà l'écrivain Andrée Viollis, en 1939, en faisant le récit de ses promenades dans la médina : « *Un palais, tout à coup, offre un aspect somptueux et délabré. Il appartenait jusqu'à ces temps derniers à une famille princière [...]. Il est maintenant vendu, divisé en logements. C'est le cas de beaucoup de ces anciennes demeures seigneuriales [...].* »

Après le départ des Européens, dans les années soixante, la ville moderne fut occupée par les Tunisiens, notamment des fonctionnaires qui avaient succédé aux Français dans de nombreuses administrations, mais les habitations libres furent insuffisantes pour loger tous ceux qui postulaient. Il fallut construire encore plus vers les banlieues, occuper de plus en plus d'espace dans la périphérie de la ville, au détriment des zones agricoles, maraîchères surtout, et faire appel à des engagements financiers importants. Budget national et capitaux privés soutinrent ces efforts d'équipement, mais les besoins dépassaient les réalisations. L'aménagement du centre-ville et de la médina, au nom de la modernité, ne se fit pas toujours dans le respect des valeurs culturelles que ces ensembles représentaient.

Parallèlement, la ville continua à se doter de bâtiments publics importants, comme l'office national du tourisme près du port, de complexes universitaires, d'immeubles ou d'hôtels aux vastes capacités de logement.

Tunis. Avenue Mohammed V (ex-avenue Gambetta). A droite, l'office national du tourisme. (Fonds Louis Latour.)

Des espaces verts furent aménagés, pour dégager les perspectives, notamment à la place d'anciens cimetières désaffectés, comme le cimetière israélite de l'avenue de Londres qui devint le parc Habib Thameur, ou le cimetière chrétien de Bab-el-Khadra, sur l'emplacement duquel, entre autres, fut construit un grand hôtel ; certains vieux cimetières musulmans connurent le même sort : tous s'étaient retrouvés au centre de zones habitées du fait de l'extension continue de la ville. Celle-ci ne cessait de croître, d'agrandir ses banlieues ou d'en bâtir de nouvelles, développant en conséquence toutes les infrastructures et les réseaux de communication nécessaires, tandis que s'étendaient les zones d'activités urbaines. Tunis évoluait, changeait de visage, s'étendant de plus en plus vers les zones périphériques. Mais c'était là une autre histoire, celle de la Tunisie indépendante et de sa capitale en constante évolution.

Tunis. Les grands hôtels. (Fonds Louis Latour.)

Tunis. Parc Habib Thameur. (Fonds Louis Latour.)

Tunis, les lieux et l'histoire

La société tunisienne a sans cesse varié dans ses composantes au gré des rapports qui unissaient la ville et le pays au reste de la Méditerranée. Pour ne considérer que les époques moderne et contemporaine, le site sur lequel s'est élevée la médina a vu se succéder ces communautés que les vagues de l'histoire ont conduites vers les rivages de la Tunisie. Peu à peu, certaines ont dû se fixer hors les murs : ce fut l'essor de la ville moderne, sans qu'il y ait rupture avec la ville ancienne.

Les Européens, et surtout les Français, sont particulièrement liés à cette dernière, puisque ce passé proche a mis en place bien des aspects du Tunis d'aujourd'hui. La plupart des lieux les évoquent : de nombreux événements, civils ou religieux, habituels ou extraordinaires s'y sont déroulés, diversement appréciés par les uns et par les autres. En parallèle, sur le plan privé, chaque communauté y vivait rituellement ses fêtes, ses commémorations, le plus souvent dans une atmosphère de tolérance et de bonhomie.

Tunis, carrefour des peuples

« A Tunis, le monde latin et le monde africain se sont rejoints, se sont confondus, ont tissé entre eux mille complicités ». Si le fond de la population est *« berbère, arabe »*, *« combien de Tunisiens descendent d'Andalous, de Turcs, de captifs chrétiens ! [...] Héritière de Carthage [...], Tunis accueille des juristes et des architectes venus d'Andalousie, entretient des chiourmes génoises ou vénitiennes, capture des chrétiens dont beaucoup apostasient, abrite des*

communautés commerçantes venues de tous les points de la Méditerranée [...] » : c'est ainsi que Tunis est présenté dans un ouvrage sur la Tunisie, paru aux éditions du Seuil en 1955. Cette ville est en effet un carrefour de peuples, un damier de races : par le passé, des communautés de toutes nationalités s'y sont installées, pour un temps ou pour toujours. Tous, et en premier lieu ceux qui se perdent dans l'épaisseur du temps, comme les Phéniciens, les Romains ou les Byzantins, plus proches comme les Arabes, ont laissé leurs marques dans l'architecture de la ville et du pays, dans les noms de lieux, les types humains.

La cohabitation de tous ces peuples s'est rarement faite dans l'harmonie, ils se sont souvent heurtés les uns aux autres. Mais, amenés par le cours des choses à vivre sur le sol tunisien, ils sont comme les pièces multiples d'une mosaïque, si différentes et à la fois fortement imbriquées pour former un ensemble : c'est l'image qui revient le plus souvent quand les historiens présentent la diversité ethnique de ce pays, la profusion des coutumes et des lois qui l'ont régi, la richesse des arts qui s'y sont épanouis. Cette mosaïque tunisienne s'est peu à peu formée et a évolué, d'abord dans la capitale que sa position géographique ouvrait à tous les peuples de la Méditerranée. Elle constitue certainement un des aspects les plus originaux de son histoire.

Aux siècles passés, les Occidentaux usaient du terme de Maures pour désigner la population autochtone, à Tunis, c'est-à-dire les musulmans, arabes et berbères islamisés. Il fallait en dissocier les Andalous, ou Morisques, musulmans chassés d'Espagne par les Rois Catholiques et leurs successeurs, du XIIIe au XVe siècle, puis au début du XVIIe. Le capitaine de navire anglais Robert Eylliat, déjà cité, rapporte que huit mille familles andalouses se fixèrent à Tunis. Ils s'éparpillèrent aussi dans les régions alentours, avec savants et lettrés, apportant leur savoir-faire, en particulier dans l'agriculture et l'artisanat : la médina conserve une *rue des Andalous*, où les plus riches d'entre eux construisirent de belles demeures aux portes finement sculptées. Ils s'établirent aussi en nombre dans le quartier de Bab-Souika. Les Andalous donnèrent, par exemple, à la fabrication des bonnets tunisiens, appelés chéchias, ses lettres de noblesse, au point que ce commerce devint une des sources de richesse de l'artisanat tunisien, s'exportant jusqu'au Moyen-Orient. Un *souk des chéchias* leur fut réservé dès le XVIIe siècle. Ils excellèrent également dans la fabrication des carreaux vernissés qui paraient les murs et les cours intérieures des grandes maisons ou des palais.

Patio de style hispano-mauresque.

Tunis, la rue des Andalous.

Le médecin naturaliste Jean-André Peyssonnel, lors de son voyage en Tunisie, en 1724, les a longuement décrits, en particulier dans la *Lettre huitième* : « *Ils conservent le langage espagnol ; leurs filles se marient avec répugnance à d'autres qu'à des Andalous, et eux ne se mésallient guère volontiers, quoique la misère les ait quelquefois obligés de se mêler avec les Maures du pays.* » Mais, sur la longue durée de leur histoire en Tunisie, ils se fondirent dans la population autochtone.

A partir de 1574, le pays fut dirigé par les Turcs : pachas, deys et beys formèrent la nouvelle aristocratie du pays, accompagnée des janissaires de la milice. Il n'est pas dans le propos, ici, de retracer l'histoire des Turcs à Tunis mais, nouveaux maîtres de la Régence, ils jouèrent le premier rôle dans les affaires du pays ; partout en position dominante, ils s'étaient enrichis par le commerce ou les activités corsaires. Peu à peu, la plupart des membres de la milice se fixèrent à Tunis en épousant des femmes du pays : les unions entre Turcs et Maures donnèrent des sang-mêlé appelés Kouloughlis. En architecture, les Turcs ont d'abord restauré ce qui avait été détruit par les armées de Charles Quint et de Dom Juan d'Autriche ; puis ils ont construit des mosquées, qui s'ajoutèrent à celles des dynasties arabes, et des palais ; ces derniers se concentraient dans la partie haute de la ville, aux alentours de la kasbah. Des artisans industrieux et raffinés étaient venus dans leur sillage : le *souk-et-Trouk*, ou souk des Turcs, spécialisé autrefois dans la confection de « *costumes à la turque* », perpétue le souvenir d'une importante corporation. La dernière dynastie d'origine turque, celle des Husseinites, régna pendant 250 ans sur la Régence de Tunis. Fondée en 1705 par le fils d'un renégat, Hussein ben Ali Turki, officier de la milice, elle fut abrogée en 1957 à la déposition de Lamine-Bey. La Tunisie était désormais une République, tournant la page sur son histoire de province ottomane.

A la suite des Turcs, la ville se peupla de captifs, en grande partie chrétiens, répartis dans une douzaine de bagnes, sans compter ceux qui logeaient chez leurs maîtres. Il y eut de nombreux renégats parmi eux : pour échapper aux rigueurs ou aux souffrances de la captivité, ils se faisaient « *mahométants* », reniant leur foi chrétienne. Ils occupèrent souvent des positions importantes dans la société de l'époque, au sein de laquelle ils contractèrent des alliances familiales.

Une autre catégorie d'esclaves vivait dans cette ville : les Noirs, ramenés du Soudan par les caravanes qui assuraient le commerce à travers le Sahara. Les spécialistes de l'histoire de Tunis pensent que le lieu de

Mohamed En Naceur, 14e bey de Tunis, 1906-1922.

Un des derniers Beys de Tunis. Portrait sans date.(peut-être Ahmed-Bey, 1929-1942).

transaction autour de ces esclaves se trouvait au *Souk-el-Berka*, où ils étaient vendus. Avec le temps, eux aussi ont laissé leurs empreintes, non dans l'architecture, mais dans la diversité des visages et des types humains.

La ville ancienne, au cours de son histoire, a été fortement marquée par la présence des juifs : on a vu que, comme les chrétiens, ils habitaient un quartier réservé, la Hara. Cette population, au XIXe siècle, provenait de deux origines différentes : les Touansa ou Tunisiens, étaient, pour certains, établis dans le pays depuis des temps immémoriaux, ceux de Djerba par exemple. Ils avaient adopté le costume du pays. Les autres, dits Grana ou Livournais, originaires d'Espagne comme les Andalous, s'étaient d'abord installés à Livourne, avant de venir à Tunis. Vêtus à l'européenne, plus riches dans l'ensemble, mais beaucoup moins nombreux que leurs coreligionnaires tunisiens, ils exerçaient les métiers de négociants, orfèvres, prêteurs, changeurs. Une rue marchande de la ville ancienne, le *Souk-el-Grana*, rappelle leurs activités et leur présence

Jeune arabe et jeune fille arabe, 1907. Des types humains plus ou moins marqués par les mélanges ethniques au sein d'un même peuple.

au sein de la société tunisienne. Les Tunisiens et les Livournais se séparèrent en deux communautés distinctes au cours du XVIIIe siècle mais tous continuaient à résider dans la Hara. Aussi, dès les premières années du protectorat français, les plus fortunés la quittèrent pour s'installer dans la ville moderne, au développement de laquelle ils prirent une part active.

Noces juives en 1916.

Tunis, Souk-el-Grana, 1920.

Lorsque la dame Fasciotti consolidait les bords du lac avec des remblais de toutes sortes, en attendant d'éventuels acquéreurs fortunés, elle autorisa l'installation sur ces lieux de compatriotes démunis de tout, qui y implantèrent des constructions provisoires. Mais l'ensemble finit par former un véritable quartier que les Tunisois de l'époque désignèrent sous le nom de *Petite Sicile* : l'origine des Italiens en Tunisie, à la fin du XIXe siècle, est multiple. On y trouvait des descendants d'esclaves libérés, ou de commerçants génois établis au comptoir de Tabarque (Tabarka) au XVIe siècle et déportés à Tunis vers 1750 ; mais surtout des Siciliens, Sardes, Napolitains, Calabrais, chassés de leurs provinces par la misère, à la recherche d'une terre où vivre mieux. Se détachaient de ce prolétariat les quelques grandes familles de négociants, déjà évoqués, qui formaient avec leurs homologues marseillais et provençaux, une élite européenne à Tunis, à l'époque où la France s'y installa en 1881. Si des groupes de nouveaux venus occupèrent les terrains près du port, les autres s'éparpillèrent un peu partout dans les deux cités, puisqu'on les trouve aussi installés en nombre dans l'ancien Quartier franc, là où quelques-uns des négociants avaient fait construire, ou aménager, de belles demeures. Les Italiens donnèrent une physionomie particulière à la Tunis européenne des premiers temps : on y parlait surtout italien, les enseignes des magasins comme les prêches dans les églises étaient fréquemment dans cette langue, les ouvriers du bâtiment comme ceux de nombreux autres corps de métiers étaient italiens.

Si l'on se promène de la ville moderne vers la ville ancienne, en remontant l'avenue de France, on trouve sur le côté droit de Bab-el-Bahr, une rue dite aujourd'hui *Mongi Slim*, qui portait le nom de rue *des Maltais*. Non loin de là, descendant plus vers l'est, reste encore la rue *Malta Srira*, « Petite Malte » : elle conserve le souvenir des Maltais qui s'installèrent à Tunis au XIXe siècle, fuyant les difficultés économiques de leur île. Ils se concentrèrent dans des masures accolées aux remparts de la ville ancienne, pratiquant la pêche et de nombreux petits métiers dont ils tiraient de maigres ressources. Courageux et travailleurs, beaucoup d'entre eux par la suite réussirent à améliorer leur situation. Cette communauté comptait aussi de riches familles, appartenant à l'élite européenne du XXe siècle à Tunis. De nationalité anglo-maltaise, la plupart, avec le temps, furent naturalisés français.

Le promeneur qui prend le temps de flâner peut apercevoir, en longeant la rue de Rome, les bulbes d'une église orthodoxe : inaugurée en 1901, elle témoigne aujourd'hui de l'existence d'une communauté grecque dans le passé récent de la ville. Les Grecs de Tunisie formaient un groupe peu nombreux, un peu moins de 700 personnes en 1911, mais très caractérisé. Ils étaient placés sous la protection du consulat de France depuis le XVIIe siècle ; après la reconnaissance de l'indépendance de la Grèce en 1829 ils demandèrent la protection consulaire russe, en particulier à cause de la communauté de religion. Pour la période contemporaine, ils se concentraient en des points précis du pays, de Sfax jusqu'à Djerba, et dans la région de Tunis, avec un essaimage en quelques autres villes côtières, pratiquant le commerce, en particulier celui issu de la pêche des éponges. Ils fréquentèrent les écoles du protectorat, où ils obtinrent des diplômes et acquirent une culture française, tout en conservant de forts sentiments nationalistes autour de l'appartenance à la religion orthodoxe. Cette dernière à Tunis avait à sa tête un dignitaire qui dépendait du patriarche d'Alexandrie.

Les soubresauts de l'histoire des Etats, où qu'ils se soient produits sur les confins de la Méditerranée, ont souvent reflué jusqu'à Tunis : en 1920, les événements conduisirent plusieurs milliers de Russes au port de Bizerte. Après la défaite des Russes blancs contre les bolcheviks, sur les terrains de bataille d'Ukraine et de Crimée, l'amiral Wrangel réussit à évacuer en quelques jours les débris de son armée et un grand nombre de civils rassemblés en mer Noire. Une première escale à Constantinople régla tant bien que mal le problème de la destination de ces bâtiments, dont la France accepta de recevoir un certain nombre : escortés par des navires de guerre français, dans des conditions météorologiques très difficiles, trente-trois d'entre eux arrivèrent à Bizerte le 25 décembre 1920. Il y avait à bord 7 000 personnes environ, officiers, équipages de la flotte, civils, démunis de tout, dans un état sanitaire précaire. Pendant les années qui suivirent, ils essayèrent de trouver du travail à Tunis et ailleurs, tout en considérant la Tunisie comme une escale avant des jours meilleurs, dans l'attente d'un retour au pays. Mais l'histoire ne leur fut pas clémente : la reconnaissance par la France du gouvernement soviétique, en 1924, les obligea à envisager un établissement définitif hors de Russie et la plupart choisirent de quitter la Tunisie pour l'Europe. Le recensement démographique de 1926 ne comptait plus que 765 Russes pour l'ensemble du pays, mais le côté dramatique de leur situation marqua les esprits pour longtemps. Il reste aujourd'hui à Tunis une église orthodoxe russe.

Beaucoup d'autres nationalités étaient représentées à Tunis, en particulier européennes, comme les Espagnols ou les Belges, parfois ne comportant que quelques dizaines de personnes. Certains vinrent accroître, par naturalisation, le nombre des Français du pays, à cette époque du protectorat. Après l'indépendance, avec le reflux de la majeure partie de ces communautés, y compris les israélites souvent partis vers Israël, la société tunisienne perdit de sa diversité : en même temps qu'elle occupait tout l'espace urbain elle devint plus homogène.

Les palais beylicaux, la médina

Le premier des événements qui marqua la période française fut le traité du Bardo, le 12 mai 1881 : bien avant cette date, certains des journalistes qui accompagnaient le corps d'occupation, depuis la frontière algérienne ou les côtes nord du pays, avaient rejoint la capitale et envoyaient des reportages à leurs journaux, à Paris. Dans l'hebdomadaire le plus répandu, *L'Illustration*, trois sujets étaient particulièrement traités : l'avancée des troupes françaises, la géographie du pays et les manifestations officielles de l'existence du bey.

Le bey de Tunis se rendant à la mosquée. Le bey descend le grand escalier de son palais, précédé de ses gardes du corps et de ses musiciens, entouré de ses grands dignitaires. Deux de ses frères l'accompagnent : celui de droite est le bey du Camp, c'est-à-dire l'héritier présomptif, qui devint Ali-Bey, en 1883 ; au pied de l'escalier, de chaque côté, deux ministres ; dans le groupe de droite, au premier plan, le chef du protocole, appartenant à l'une des plus anciennes familles tunisiennes, le général Baccouche. L'Illustration, *23 avril 1881. (Fonds bibliothèque municipale de Toulouse.)*

Les jours de fêtes musulmanes se déroulaient avec faste dans les palais beylicaux et les résidents généraux y assistaient officiellement en tant que représentants du pays protecteur. Les nationalistes accueillaient avec un malaise profond ces rappels trop visibles de la présence française, ce qui n'empêchait pas la célébration de ces événements. Le 15 août 1921, par exemple, les fêtes de l'Aïd-el-Khébir connurent une grande solennité : le délégué à la résidence, qui remplaçait le résident général pendant ses périodes d'absence, l'été en particulier, vint au Bardo avec sa suite, présenter ses hommages au bey. Un escadron de chasseurs d'Afrique escortait les automobiles. Les visiteurs furent introduits auprès du souverain, le bey Naceur, qui se tenait dans le salon d'apparat, entouré de ses ministres, de tous les dignitaires de la cour et des officiers en grand uniforme.

Pour la fête du Mouled, le bey recevait le résident général au palais de Dar-el-Bey, dans la médina, car il visitait également les souks ce jour-là : le souverain les parcourait, pour « *la plus grande joie* » des Tunisiens et des touristes, exposant sa personne à la vénération du peuple. Le résident général, tout aussi solennel, marchait avec sa suite aux côtés du bey.

Parfois survenaient des événements exceptionnels dont l'importance qu'ils revêtaient, ou qu'on voulait leur donner, était soulignée par des cérémonies « *impressionnantes* », comme en septembre 1948 à l'occasion des funérailles du bey Moncef, décédé à Pau alors qu'il y vivait en exil depuis sa déposition en 1943. Le résident général Mons qui, à Tunis, présida aux cérémonies officielles, en a laissé un récit, précis et détaillé, du plus grand intérêt : « *Les jours précédant la cérémonie furent quelque peu tendus pour une partie de l'opinion […]. Spontanément, les boutiques, cafés et salles de spectacle fermèrent leurs portes, des prières furent dites dans les mosquées, les drapeaux mis en berne […]. Une grande émotion s'était emparée de la Régence. La mort de Moncef Bey était en soi un événement considérable* », écrit-il. Le résident général accueillit la dépouille mortelle du bey, arrivée au port de Tunis sur un bateau de guerre, alors qu'« *une foule immense se pressait sur les quais […]. La confusion était extrême. Elle pouvait dégénérer. Mais le convoi s'ébranla, articulant à sa suite l'immense cortège qui s'ordonna. Je prenais congé de la famille de Moncef Bey et de ses anciens ministres […]* », conclut le résident. Le cortège, depuis le port, se rendit au cimetière du Djellaz : le bey avait exprimé sa volonté d'y être inhumé, dans le mausolée où reposait sa mère.

L'investiture d'un nouveau bey était un autre temps fort de la vie politique du pays, qui se déroulait dans un lieu officiel, toujours en présence du représentant de la France : en juin 1902, par exemple, le résident Stephen Pichon vint au palais du Bardo présider la cérémonie au cours de laquelle, selon le compte rendu du *Petit Journal*, il donna l'investiture « *au nom de la France* » à Mohamed-el-Hadi, troisième bey du protectorat.

Les souks furent les lieux privilégiés des premières grandes tensions politiques, comme en 1911 lors de l'affaire dite des Tramways et en 1912 de celle du Djellaz : il serait trop long de développer ici ces événements mais ils conduisirent à des affrontements meurtriers entre Européens et Tunisiens. Plus tard, le climat politique alourdit souvent l'atmosphère des souks, où l'adhésion du peuple aux revendications des nationalistes se traduisait par des grèves : la vie alors s'arrêtait dans la médina, suspendue à l'actualité politique, comme en 1938, année de crise profonde.

La ville moderne : l'avenue Jules Ferry, la résidence générale, la cathédrale

Quant à la ville moderne, elle fut le théâtre de toutes les manifestations, festivités ou commémorations organisées par la France au cours de la période du protectorat. Au premier rang des rituels républicains qui affirmaient la présence française dans ce pays, on peut citer les cérémonies du 14 Juillet : il y avait alors sur l'avenue Jules Ferry un rassemblement de toutes les personnalités qui comptaient à Tunis, civiles et militaires, françaises, tunisiennes, étrangères, pour assister au défilé militaire. Une foule toujours nombreuse, massée sur les trottoirs, applaudissait particulièrement les uniformes colorés de l'armée d'Afrique. Puis les officiels, et les membres de la communauté française qui le désiraient, se rendaient à la réception offerte par le résident général à la Maison de France. La veille, une retraite aux flambeaux et des bals publics animaient les rues jusque tard dans la nuit.

Le 11 novembre, anniversaire de l'armistice, donnait lieu également à un défilé militaire, suivi de réjouissances populaires : cette date célébrait à la fois le souvenir des années de guerre et le renouveau du temps de paix. Quelques jours avant, le 2 novembre, avait lieu la *Cérémonie des glorifications des morts pour la patrie* qui conduisait tous les officiels, à la suite du résident général, devant le monument aux Morts de chaque communauté.

Tunis. Spahis, 1913. Un aspect du défilé militaire du 14 Juillet : les rues sont ornées de drapeaux et de guirlandes.

Monument de l'Italie aux Morts de la Grande Guerre, cimetière du Belvédère. (Fonds Sauveur Farrugia.)

Dans la ville moderne aussi, l'actualité pouvait être faite d'événements exceptionnels qui survenaient en dehors des habitudes. L'un d'eux fut la mort du résident général Massicault, dans la nuit du 5 novembre 1892.

Alors qu'il souffrait de diabète depuis plusieurs années, son état s'était brusquement aggravé au début du mois de novembre. Il se trouvait alors à la résidence de La Marsa, où il mourut. Son corps fut ramené à Tunis, puis son catafalque exposé dans le grand salon de la résidence, « *entièrement tendu de noir lamé d'argent* ». Le résident fut honoré d'obsèques solennelles : la cérémonie funèbre eut lieu à la cathédrale de Tunis, suivie de « *toutes les troupes, du personnel officiel, corps diplomatiques, corps constitués* » présents dans la Régence.

En dehors des commémorations officielles, d'autres événements donnaient lieu à un déploiement de faste extrême dans les rues de la capitale : les visites que firent plusieurs présidents de la République en Tunisie, au cours de voyages effectués dans les trois pays du Maghreb. Celui du président Armand Fallières, déjà évoqué, du 18 au 20 avril 1911, en est un exemple. Il plongea la ville dans une atmosphère extraordinaire de réceptions en tout genre, défilés militaires, cortèges officiels, pendant ces journées, dont le Journal officiel (français) du 20 avril 1911 publia le récit détaillé : après avoir débarqué à Bizerte, le président, en compagnie du bey et du résident général, gagna Tunis par le train. Une foule « *impressionnante* » l'entoura d'acclamations tout au long du parcours.

Dans cet hommage, trouve-t-on en substance à la fin du récit du Journal, on remarquait, mêlées, toutes les communautés de Tunis, y compris les Tunisiens, dont « *l'attitude sympathique montr [ait] qu'ils [avaient] pour quelques minutes au moins renoncé à leur impassibilité coutumière* » : le compte rendu officiel mettait en relief les notations de ce type, exprimant une fois de plus le vieux rêve d'union confraternelle cher aux administrateurs du protectorat. Pourtant, certains résidents généraux, comme Jean Mons, dotés d'un sens politique plus aigu, le savaient inaccessible.

D'autres présidents de la République firent ces voyages, en particulier Gaston Doumergue en 1931, à l'occasion du cinquantenaire du protectorat (1881-1931) : des festivités grandioses eurent lieu, qui blessèrent fortement le sentiment national tunisien. Ce voyage de Gaston Doumergue, comme les autres, se poursuivit dans tout le pays, jusqu'à Médenine, en plein désert. Même en ce point extrême de la Tunisie, les plus grands honneurs lui furent rendus.

En bien d'autres occasions, Tunis brillait de cortèges et de réceptions à la résidence générale : l'arrivée d'un nouveau résident était l'un de ces événements. Sitôt à Tunis, il rejoignait la Maison de France, toujours avec apparat, puis recevait toutes les personnalités françaises, tunisiennes et étrangères, fort nombreuses, de la Régence.

Voyage du président Doumergue, Médenine 1931.

De même les visites des ministres de la République donnaient lieu à des défilés de voitures dans les rues, en particulier, bien sûr, avenue Jules Ferry. Ils se terminaient à la résidence générale, où arrivaient aussi, de temps à autre, les invités officiels de voyages de propagande en faveur de l'immigration française en Tunisie : en 1900, le résident Millet accueillit une « *caravane universitaire* » d'une centaine d'instituteurs. Choisis parmi les départements les plus pauvres, ils avaient reçu pour mission, de retour en France, d'inciter leurs élèves à émigrer vers ce pays. Ils furent promenés, carnets de notes en main, à travers toute la Tunisie, avant d'être invités à une soirée dans les salons de la résidence : « *Messieurs les instituteurs, bien que peu faits à la vie mondaine* » en ressortirent éblouis.

Si tout finissait à la Maison de France, une partie de ces événements, la plupart du temps, se déroulaient à la cathédrale, en particulier sous forme de « *messes consulaires* » : c'était la survivance d'un usage ancien dans les Echelles du Levant et de Barbarie, où le curé de la paroisse la plus proche du consulat y recevait le consul de France, entouré de toutes les notabilités de l'endroit. Pouvoir civil et autorités religieuses restèrent en relation étroite à Tunis, malgré la loi de séparation des Eglises et de l'Etat, en 1905.

L'Eglise avait d'autres occasions de montrer sa forte présence en Tunisie, notamment lors des processions organisées dans les rues de la

A Sfax, visite des écoles à l'occasion du voyage des instituteurs. (Photo tirée de l'ouvrage Promenade en Tunisie, *1900.)*

L'abbé Commarmond reçoit le résident général. Cette photo, comme la suivante prise à la même occasion, ne comporte aucune autre légende : d'après les recherches effectuées auprès de la prélature de Tunis, l'abbé Commarmond fut vicaire général de la cathédrale pendant deux années, en 1931 et 1932 : pendant ces années-là, le résident général était François Manceron. En plus d'événements exceptionnels, les messes consulaires étaient dites à l'occasion des six fêtes de l'année catholique, dites concordataires. Celle dont ces deux photos conservent le souvenir semble particulièrement empreinte de solennité, à en juger par la foule nombreuse et endimanchée qui est massée sur la place de la Résidence, et par l'apparat du cortège, l'assemblée des participants, à l'extérieur et à l'intérieur de la cathédrale. Cette messe consulaire a pu être célébrée dans le cadre de la commémoration du cinquantenaire du protectorat, en 1931. (Archives de la prélature, Tunis.)

Messe consulaire, date présumée 1931 ou 1932. (Archives de la prélature, Tunis.)

Départ présumé d'une procession aux environs de 1928-1929. (Archives de la prélature, Tunis.)

capitale, le jour de la Fête-Dieu en particulier : « *Ce dimanche-là, de très bon matin, se déroulait une grande procession sur l'avenue Jules Ferry. [...]. Après être allée au bout de l'avenue, la procession revenait vers la cathédrale pour une grand-messe solennelle* », relate un témoin, Claudine Iacoponelli-Caléca.

Des événements exceptionnels, là aussi, se produisaient, de temps à autre : en 1953, les funérailles de monseigneur Gounod, archevêque de Carthage, quatrième primat d'Afrique, furent célébrées dans la cathédrale de Tunis avec le faste des grandes heures, comme l'avait été en 1925 l'inauguration de la statue du cardinal Lavigerie (pour ne citer que ces deux exemples, sans parler du congrès eucharistique de 1930, très connu).

Parmi les événements qui marquèrent la période du protectorat, l'un des plus forts fut certainement le défilé de la Victoire, organisé à Tunis par les armées alliées le 20 mai 1943, après la défaite des forces germano-italiennes. La campagne de Tunisie, mal connue, fut pourtant une des grandes étapes de la Libération. Des délégations de soldats des armées qui combattirent en Tunisie défilèrent, en particulier sur l'avenue Jules Ferry, devant les généraux Alexander, Eisenhower et Giraud. Tous ceux qui ont assisté à cette journée en ont gardé un souvenir aussi exaltant qu'émouvant. Dès le mois suivant commença l'embarquement du Corps expéditionnaire français vers l'Italie, à partir du port de Tunis en particulier. Ces transports de troupes devaient battre leur plein en 1944, en prévision d'un autre grand moment de l'histoire de la France à cette époque : le Débarquement de Provence (15 août 1944).

Funérailles de monseigneur Gounod, 1953. (Archives de la prélature, Tunis.)

Statue du cardinal Lavigerie, 1925. Cette statue fut implantée au cœur de l'ancien Quartier franc, dans la médina, place de la Bourse, qui devint place du Cardinal Lavigerie. Le choix de cet emplacement souleva la colère des militants nationalistes : aussi fut-elle parmi les premiers symboles de la présence française à disparaître dès la proclamation de l'indépendance. (Archives de la prélature, Tunis.)

De Tunis à Sienne. Départ du Corps expéditionnaire français pour l'Italie, 1944. Devant chaque transport, les sections stationnent.

De Tunis à Sienne, 1944. Goumiers du Corps expéditionnaire français.

L'espace des rues et la marche de l'histoire

A partir de 1950, le pays entra plus franchement dans les turbulences de la fin de la période française. La démographie s'accroissait, une élite se préparait à assumer l'administration du pays, ce dernier se développait économiquement et s'industrialisait : au fur et à mesure que le temps passait, ces facteurs détruisaient le protectorat, le vidant de sa substance. Mais les Français, qui se trouvaient à l'origine de l'impulsion donnée au pays et de bien des réalisations, n'entendaient pas lâcher prise sans résister.

Alors, c'est dans l'espace des rues, particulièrement dans la capitale, que les Tunisiens montrèrent leur détermination à obtenir l'indépendance : « *Quant aux manifestations qui embrasent les villes et les campagnes, elles confirment Bourguiba dans l'idée que la mobilisation populaire finira par persuader les Français qu'il n'y a d'autre issue que l'autonomie interne* », écrit le journaliste Pierre-Albin Martel dans une analyse de la situation en Tunisie, à cette époque. Le résident général Pierre Voizard tenta de freiner la détérioration du climat en élaborant un plan de réformes, afin d'associer davantage les Tunisiens au gouvernement du pays. Après bien des difficultés, il réussit à former un nouveau ministère, le 3 février 1954, avec Mohamed Salah Mzali comme Premier ministre, mais les demi-mesures contenues dans ce plan ne purent qu'entraîner son échec.

Ministère Mzali et monsieur Voizard, résident général de France à Tunis, 3 février 1954. « De gauche à droite au premier rang : MM. Zaouche, Mzali, Voizard, Saadallah. Au deuxième rang : un aide de camp, M. Lakhdar, Dr Ben Salem, M. Ben Romdane. » *(Archives du ministère des Affaires étrangères, Paris.)*

Finalement, la tension qui suivit fut telle que, pour faire évoluer la situation, Pierre Mendès France, alors président du Conseil, à Paris, et également en charge des Affaires étrangères, annonça l'autonomie interne de la Tunisie, le 31 juillet 1954. Des négociations suivirent : les accords furent signés à Paris le 22 avril 1955 et, le 3 juin, à Tunis. Entre-temps, après plusieurs années de captivité en France, Bourguiba était rentré triomphalement en Tunisie, le 1er juin 1955 : « *Nous fûmes des centaines de milliers à l'acclamer, interminablement, dans un immense délire* », écrivit Tahar Belkhodja qui fut plus tard un de ses ministres. Le président du Néo-Destour débarqua à La Goulette, accompagné jusqu'à Tunis par une foule de plus en plus dense, ovationné sans fin à travers les grandes artères et les rues de la capitale. La fête de la Jeunesse, en mars 1956, pour célébrer l'indépendance, puis le défilé du 1er Mai virent également des foules extraordinaires emplir les stades ou défiler dans les rues.

« L'arrivée à La Goulette du paquebot Ville d'Alger à bord duquel se trouve monsieur Habib Bourguiba. Tunis, 1er juin 1955. » *(Archives du ministère des Affaires étrangères, Paris.)*

Mais les événements se précipitaient : l'indépendance fut accordée au Maroc le 2 mars 1956 et Bourguiba la réclama aussitôt pour la Tunisie : le 20 mars fut signé un protocole d'accord qui accordait l'indépendance au pays, annulant le traité du Bardo (1881). C'était la fin de la période française.

Les manifestations cependant ne cessèrent pas. La situation politique se tendait périodiquement et ramenait les foules contre la France et les Français, dans les années qui suivirent : en octobre 1956, par exemple, le détournement de l'avion où se trouvait le leader nationaliste algérien, Ahmed Ben Bella, fut l'occasion d'émeutes ; le 8 février 1958, le bombardement du village de Sakiet Sidi Youssef par l'aviation française basée en Algérie fut un autre de ces moments critiques pour les Français, comme l'affaire de Bizerte en 1961. Tunis était toujours le théâtre des manifestations les plus importantes. Il s'y déroulait ainsi le dernier acte d'une période de son histoire : avant d'investir l'intégralité de l'espace construit dans la ville moderne, en l'habitant, les Tunisiens avaient pris possession peu à peu de l'espace des rues.

Bien des années plus tard, ces lieux et ces rues dont l'histoire est inscrite dans la période française furent le théâtre d'un événement qui n'était pas sans relation avec le passé récent du pays, et de Tunis en particulier : le 14 avril 1996, dans le cadre de ses rencontres avec les fidèles à travers le monde, le pape Jean-Paul II rendit visite aux catholiques du pays. Il s'adressa au *« petit troupeau fragile »* qu'ils étaient devenus pour les exhorter à vivre, dans la discrétion, une foi tournée vers les autres. La Tunisie, déchristianisée, était à nouveau, pour l'Eglise, une terre sans diocèse, *in partibus infidelium*. Le pape fut reçu avec tous les honneurs par le président Ben-Ali, qui avait à ses côtés monseigneur Fouad Twal, évêque de Tunisie depuis 1992. Une messe pontificale fut dite à la cathédrale de Tunis, toute lumineuse d'une restauration récente.

Ainsi, en un peu moins d'un siècle, de la construction du nouveau consulat de France en 1860, à l'indépendance en 1956, une étape majeure de l'existence de Tunis s'était accomplie : la création de la ville moderne. Les circonstances historiques firent que le Quartier franc des bords du lac Bahira donna naissance à cette ville neuve, à laquelle la médina apporta toute l'épaisseur de son histoire. D'autres circonstances historiques, celles du protectorat français, marquées par le dynamisme et l'esprit d'entreprise, en firent une grande capitale. Mais il y eut également concordance entre le temps où la ville, à la fin du XIXe siècle, s'apprêtait d'elle-même à évoluer et le temps de son passé partagé avec la France et les Européens.

Tunis est un nom qui vient de la nuit des temps : de siècle en siècle et à chaque fois remodelée par les événements de sa propre histoire, l'antique bourgade annexée par les Carthaginois poursuit sans fin son accomplissement, comme toutes les grandes villes du monde.

Repères chronologiques (1881-1956)

Les beys de Tunis

Dynastie husseinite (1705-1957)
- Mohamed es Sadock (1859-1882)
- Ali (1882-1902)
- Mohammed el Hadi (1902-1906)
- Mohammed en Naceur (1906-1922)
- Mohammed el Habib (1922-1929)
- Ahmed (1929-1942)
- Moncef (1942-1943)
- Lamine (1943-1957), 19e et dernier bey

Les résidents généraux de France en Tunisie

- Théodore Roustan (1881-1882)
- Paul Cambon (1882-1886)
- Justin Massicault (1886-1892)
- Charles Rouvier (1892-1894)
- René Millet (1894-1900)
- Stephen Pichon (1901-1907)
- Gabriel Alapetite (1907-1917)
- Eugène Flandin (1918-1920)
- Eirik Labonne (1938-1940)
- Amiral Esteva (1940-1943)
- Général Mast (1943-1947)
- Jean Mons (1947-1950)
- Louis Périllier (1950-1951)
- Philippe de Hautecloque (1952-1953)
- Pierre Voizard (1953-1954)
- Général Boyer de Latour (1954-1955)
- Roger Seydoux de Clausonne (1955-1956)

Sources et bibliographie

Sources d'archives

Centre des archives diplomatiques du ministère des Affaires étrangères, Paris

Nouvelle Série Tunisie (microfilms). Volumes consultés : 434 à 436 ; 409 à 411 ; 437 à 439 ; 440 et 458.

Principales questions étudiées :

* *Volume 436 (bobine 279)*

Déroulement du voyage du président Fallières (avril 1911).

* *Volume 344 (bobine 253)*

Maladie et mort du résident Massicault (3-11 novembre 1892).

* *Volumes 409 à 411 (bobine 268)*

Voyage d'élèves de l'école d'agriculture de Grignon (1-17 avril 1910).

Voyage de ministres français à Tunis (avril 1912).

* *Volume 439 (bobine 280)*

Ecoles italiennes en Tunisie (1905-1916).

Cathédrale de Tunis.

Activités de l'archevêque de Carthage (1882-1892).

Historique de la construction de la primatiale de Carthage ; de la cathédrale de Tunis ; de la désaffectation du cimetière Saint-Antoine ; remplacement des Capucins italiens par un clergé français.

* *Volume 440 (bobine 281)*

L'enseignement en Tunisie (1885-1916).

* *Volume 458 (bobine 354)*

Mort de Ali-Bey (1902).

Avènement de Mohamed-Bey.

Centre des archives diplomatiques de Nantes (CADN)

Minutes des actes passés à la chancellerie du consulat de France à Tunis (Microfilm 2MI1421, années 1868-1880 et 2MI1422, année 1883).

Statistique générale de la Tunisie.

Recensements quinquennaux des populations (1881-1939).

Statistiques démographiques, année 1956.

Fêtes françaises : *Carton 2145* (années 1922 à 1932).
Monuments commémoratifs : *Carton 2153* (années 1921 à 1945).

Bibliographie

Correspondance des beys et des consuls de France avec la cour, Eugène Plantet, Paris 1893-1899 (3 vol.).
Mémoires, contenant ses voyages […], Chevalier d'Arvieux, publiés par J.-B. Labat, Paris, 1735.
Notice sur la Régence de Tunis, Henri Dunant, réédition Tunis, 1975.
Voyages dans les Régences de Tunis et d'Alger, Peyssonnel et Desfontaines, publiés par Dureau de La Malle, Paris, 1838.
La France en Tunisie au XVIIe *siècle*, Pierre Grandchamp, 1920-1932, 10 volumes.
Jean Le Vacher, R. Gleizes, Paris, 1914.
La Nation française en Tunisie (1577-1835), Yvan Debbasch, Toulouse, 1957.
Les Echelles de Syrie et de Palestine au XVIIIe *siècle*, Charles-Roux, Librairie orientaliste Paul Geuthner, 1928.
Brève description du royaume de Tunis, document inédit sur la Tunisie au XVIIe siècle par le capitaine Robert Eylliat, gentilhomme anglais, Rome, 1615, présenté par Jean Pignon, Publications de l'Université de Tunis (sans date).
Chronique tunisienne, Mohammed Seguir ben Youssef, 1705-1771, traduit en français par Victor Serres et Mohammed Lasram de 1896 à 1900, Editions Bouslama, Tunis, 2e édition, 1978.
La Vie des Français dans la Régence de Tunis aux XVIIe *et XVIII*[e] *siècles*, Geneviève Goussaud-Falgas, Mémoire de maîtrise, Université de Toulouse, 1992.
Les Etats barbaresques, Jean Monlaü, 1973, Coll. *Que sais-je ?*
Histoire de la ville de Tunis, R. Dessort, Alger, 1924.
Tunis et ses environs, Charles Lallemand, Paris, 1890.
Histoire illustrée de Tunis et de sa banlieue, Arthur Pellegrin, Tunis, 1955.
Le Fondouk des Français et les consuls de France à Tunis (1660-1860), Jacques Revault, Paris, 1984.
Palais, demeures et maisons de plaisance à Tunis et dans ses environs, Jacques Revault, Edisud, 1984.
Tunis au XVIIe *siècle. Une cité barbaresque au temps de la course*, Paul Sebag, L'Harmattan, 1989.

Tunis, histoire d'une ville, Paul Sebag, L'Harmattan, 1998.
Vingt jours en Tunisie (1881), Paul Arène, Editions Alphonse Lemerre, 1883.
Chez le bey de Tunis, Auge de Lassus, Versailles, 1884.
Le Voyage en Orient, Jean-Claude Berchet, Robert Laffont, 1985.
Récit de l'expédition française, Albert de La Berge, Firmin Didot, 1881.
Le 7e régiment de chasseurs à cheval en Tunisie, souvenirs de l'expédition, Sylvain Darnaud, inédit 1910.
La Tunisie, Aimé Dupuy, Paris, 1939.
Dans l'ombre chaude de l'islam, Isabelle Eberhardt, Fasquelle, 1906.
Tunis la Blanche, Myriam Harry.
Promenade en Tunisie, Henri Lorin, Hachette, 1896.
La Vie errante, Guy de Maupassant, Paris, 1890.
Tunis et ses images, Arthur Pellegrin, 1930.
La 6e brigade en Tunisie, Charles Philebert, Lavauzelle, 1895.
La Tunisie d'il y a cinquante ans, général Reibell, d'après les notes et souvenirs du commandant Varloud, Berger-Levraut, 1932.
Voyage d'études en Tunisie, R. Rey, Delagrave, 1900.
En Tunisie, vicomte Bégouen, conférence faite à la Société de géographie de Toulouse, 8 décembre 1896.
Voyage en Tunisie, Eugène de Montureux, conférence faite à Paris (cercle Paul Henri), 6 mars 1910.
Le Collier de jasmin, Léandre Vaillat, Flammarion, 1924.
Notre Tunisie, Andrée Viollis, Gallimard, 1939.
Excursion d'une Française dans la Régence de Tunis, Jacques Cœur (madame de Voisins), Paris, 1884.
Sur les routes de l'histoire, Jean Mons, Editions Albatros, Paris, 1981.
Les Origines du protectorat français en Tunisie (1861-1881), Jean Ganiage, PUF, 1959.
L'Affaire tunisienne, Charles-André Julien, Editions Jeune Afrique, Paris, 1981.
Le Souvenir du cardinal Lavigerie (1825-1892), Pierre Soumille, juin 1995.
Processions catholiques en butte à l'anticléricalisme européen dans la Tunisie des années 1905-1910, Pierre Soumille, Colloque de Limoges, *L'Eglise dans la rue ; Les Cérémonies extérieures du culte catholique en France au XIXe siècle*, mars 2000.
Les Catholiques en Tunisie au fil des jours, François Dornier.
Tunis, la mémoire, Mohammed Sadek Messikh, Editions du Layeur, Paris, 2000.

La Tunisie, Michel Zéraffa, collection Petite Planète, Le Seuil, 1955.
Tunisie, coll. *Les Guides Bleus illustrés*, Hachette, édition de 1967.
Algérie et Tunisie, *Guide Joanne*, Hachette, 1903 (le livret concernant la Tunisie est le livret IV).
La Médina de Tunis, Jellal Abdelkafi, Presses du CNRS, 1989.
Vie des saints est des bienheureux, selon l'ordre du calendrier avec l'historique des fêtes, RRPP bénédictins de Paris, Editions Le Touzey et Ané, 1948.
La Tunisie inconnue, Georges Pillement, Albin Michel, Paris, 1972.
Les Mosquées de Tunisie, Maison tunisienne de l'Edition, Tunis, 1973.
Français de Tunisie : une France d'outre-mer dans le creuset tunisien, Geneviève Goussaud-Falgas, thèse de Doctorat, Université de Toulouse, 2003.
Français de Tunisie : les dernières années du protectorat, Geneviève Goussaud-Falgas, Editions Alan Sutton, 2004.
Impressions de voyage, Alexandre Dumas, 1847.
L'Evolution de Tunis dans la deuxième moitié du XIXe siècle, François Arnoulet, 1977.
Emilie de Vialar, fondatrice, Agnès Cavasino, Imprimerie Sainte Scholastique, Dourgne, 1987.
Le Collège Sadiki de Tunis, Noureddine Sraïeb, CNRS Editions, 1995.
Les Lycées français du soleil, Effy Tselikas et Lina Hayoun, Editions Autrement, 2004.
Une saison tunisienne, sous la direction de Frédéric Mitterrand et Soraya Elyes-Ferchichi, Actes Sud-AFAA, 1995.

Périodiques

Bulletin Economique et Social de la Tunisie (BEST), n° 96 à 101, janvier-juin ; n° 102 à 107, juillet-décembre 1955.
La Dépêche Tunisienne, années 1950 à 1956.
Le Courrier de Tunisie, années 1929 et 1931.

Témoignages publiés, oraux ou manuscrits de Français de Tunisie

Maherzia se souvient, Tunis 1930, Maherzia Amira-Bournaz (tome II de ces mémoires), Cérès éditions, Tunis, 1999.
L'Ecole coloniale d'agriculture de Tunis et ses anciens élèves, Georges Boué, L'Union, Toulouse, 1991.
La Ferme du juif, Pierre Chouchan, Editions Romillat, Paris, 1998.
Correspondance, Carnets de notes (1880-1912), Claude Charmetant, inédit.

L'Aventure tunisienne de la famille Augustin Chavent (1880-1960), Augustin Chavent, inédit.
A flanc de Bou-Kornine, Rosaire di Stefano, Auto-édition, Ragusa, Italie, 1985.
Historique d'un bled. Le Goubellat, Florian Ducurtil, Guinle, Tunis, 1934.
Eliaou ma Tunisie en ce temps-là, Myriam Houri-Pasotti, Gil Wern Editions, Paris, 1995.
Le Passé refleurit toujours comme les cyclamens du Bou-Kornine, Claudine Iacoponelli-Caléca, Editions Mémoires de Notre Temps, Montpellier, 2002.
En fermant les yeux, je vois, là-bas, Joyce Lacour-Galéa, 1996, Editions Le Champ des Cadets, Marseille, 1996.
Tant d'aubes après tant de nuits, Françoise Larrieu, La Simarre, Joué-lès-Tours, 1991.
Souvenirs, Robert Lhospital, manuscrit, les débuts du protectorat.
A la recherche d'une vie, Roland Mattera, Gallimard, Paris, 1986.
Si Tunis m'était conté, Kaddour ben Nitram (Edmond Martin), Aloccio, 1954.
Pastorale d'une femme à travers la vie de colons français en Tunisie (1920-1960), Chantal de Moussac, Tourrettes-sur-Loup, 1989.
Lettres d'un colon, P. A Nicolas, Société des Ecrivains de l'Afrique du Nord, 1931.
Tunis-la-Juive raconte, André Nahum, Desclée de Brouwer, Paris, 2000.
Souvenirs (1886-1914), Marguerite Penet-Crété, manuscrit.
La Saga des pionniers. Lyon et la Tunisie (1880-1914), Christian Rendu, Editions Chantoiseau, Lyon, 1995.
Djebel Ahmar, colonisation à Maknassy en 1931, Richard Sebillote, 2 tomes.
Avenue de France, Colette Fellous, Gallimard, 2001.
Villa Week-end, Nine Moatti, J.-C. Lattès, 2003.

Statistiques démographiques

	1911	1921	1921
	TUNISIE		TUNIS
Tunisiens	1 730 144	1 889 388	79 175
Israélites	50 383	48 436	19 025
Français	49 044	54 476	22 206
Italiens	109 143	*84 799	42 592
Maltais	11 300	13 520	7 379

* Chiffre contesté par les Italiens

Lexique

Aïd : fêtes. Il y en a deux, celle commémorant la fin du ramadan et celle commémorant le sacrifice d'Abraham : *l'Aïd-el-Khebir* et *l'Aïd-el-Seghir*.

Bab : porte. Ce terme entre dans la composition de noms de lieux : *Bab-el-Bahr*, porte de la Mer.

Bey : mot turc, gouverneur de province.

Caïd : chef d'une circonscription, d'une tribu, d'un service, dans l'administration beylicale. Plusieurs tribus réunies forment un *caïdat*.

Capitulations : accords signés en 1536 entre François Ier et Soliman le Magnifique. Ils réglaient le statut des Français dans l'Empire ottoman, ainsi que la protection des chrétiens sans représentation diplomatique dans ces Etats : les négociants pouvaient commercer librement. Ils ne dépendaient que de la juridiction du consul, échappant ainsi aux tribunaux musulmans. Leurs navires ne pouvaient être réquisitionnés de force pour le service du sultan. Les biens des Français morts en territoire ottoman revenaient à leurs héritiers. Les esclaves étaient restitués, ainsi que les navires naufragés. Les Capitulations réglaient bien d'autres questions, comme le statut des enfants nés d'un Français avec une femme du pays, non musulmane, ou des questions de protocole. La période où les Capitulations furent en vigueur est dite aussi période capitulaire ou consulaire.

Carosse : a aussi le sens commun de voiture.

Course : chasse faite par les corsaires aux navires de commerce.

Dar : maison. *Dar-el-Bey*, palais du bey.

Djebel : montagne. Par exemple *Djebel Mansour*.

Djemaa : mosquée.

Djemaia : assemblée, commission.

La Djemaïa des habous, Commission instituée en 1874 ; administration publique tunisienne dont le rôle principal consiste, sous le contrôle de la section d'Etat du Gouvernement tunisien, à gérer directement les habous publics et à surveiller l'administration des habous privés.

Echelles : comptoirs commerciaux français en Méditerranée : Echelles du Levant et de Barbarie (ce dernier est la corruption de Berbérie, pays des Berbères).

Habous : bien de mainmorte à destination pieuse, dont les revenus servent à l'entretien des mosquées, des écoles, etc. Le habous est une sorte de donation d'usufruit. Il a sa source dans le Coran. Le bien constitué en habous ne peut être donné, ni vendu, ni hypothéqué, ni transmis en héritage. Les habous étaient particulièrement nombreux en Tunisie : en 1910, ils représentaient à peu près le tiers de la superficie totale du pays. Ils sont de deux sortes : *les habous publics*, affectés en toute propriété à une fondation pieuse ; et les *habous privés*, qui ne sont affectés à une fondation que pour la nue-propriété, la jouissance ayant été réservée par le fondateur à ses héritiers directs et ne revenant aux habous publics que lorsque la descendance directe du fondateur est éteinte. L'institution des habous fut supprimée par Habib Bourguiba en 1956.

Haïk : drap dans lequel s'enveloppent les musulmanes.

Houri : beauté céleste que le Coran promet au musulman fidèle dans le paradis d'Allah.

Husseinites (les) : dernière famille beylicale de la Régence de Tunis, du nom de son fondateur, Hussein ben Ali Turki. Cette dynastie régna un peu plus de 250 ans (1705-1957).

Janissaire : soldat d'élite de l'infanterie turque qui appartenait à la garde du sultan.

Kasbah : forteresse, et les maisons qu'elle renferme, situées dans les hauteurs des villes arabes d'Afrique du Nord.

Kouba ou koubba : coupole.

Medersas : établissements d'enseignement (supérieur) religieux, comprenant presque toujours une petite mosquée et des sortes de cellules où des étudiants viennent, sous la direction des professeurs, apprendre à lire et à prononcer les versets du Coran.

Moucharabieh : fenêtre grillagée de forme arrondie.

Nation française : communauté, groupe national.

Régence de Tunis : les pachas, deys et beys qui exerçaient le pouvoir au nom du sultan d'Istanbul, dans les provinces du Maghreb, étaient des *Régents*, d'où le nom de Régence que le langage diplomatique français avait attribué à ces pays.

Souk : marché.

Spahi : cavalier turc. Soldat des corps de cavalerie indigène organisés autrefois par l'armée française en Afrique du Nord.

Zaouias : les zaouias, très nombreuses en Tunisie, sont des lieux de retraite consacrés au culte, et le plus souvent entretenus à l'aide des revenus de biens habous, constitués à leur profit. Leurs dépenses et frais d'entretien peuvent être considérables ; elles servent d'abri aux passants et aux voyageurs, d'asile aux indigents, d'école aux enfants. Un cheikh remplit les fonctions d'administrateur.

Tunis au XVIIIe siècle. Gravure anglaise. (Fonds Hubert et Annie Goussaud.)

Vue générale de Tunis. Le minaret de la Grande mosquée. (Fonds Sauveur Farrugia.)

Place Bab-Souika et mosquée Sidi-Mahrès. (Fonds Sauveur Farrugia.)

L'ancien fondouk de la Nation française à Tunis : la porte d'entrée. (Photo Pierre Grandchamp, La Nation française à Tunis au XVIIe siècle.*)*

Minaret de la mosquée Hamoûda Pacha (XVIIe siècle), rue de la Kasbah. (Fonds Sauveur Farrugia.)

Tunis. Rue Halfaouine.

Place et mosquée Halfaouine. (Fonds Sauveur Farrugia.)

Café maure sur la place Halfaouine. (Fonds Sauveur Farrugia.)

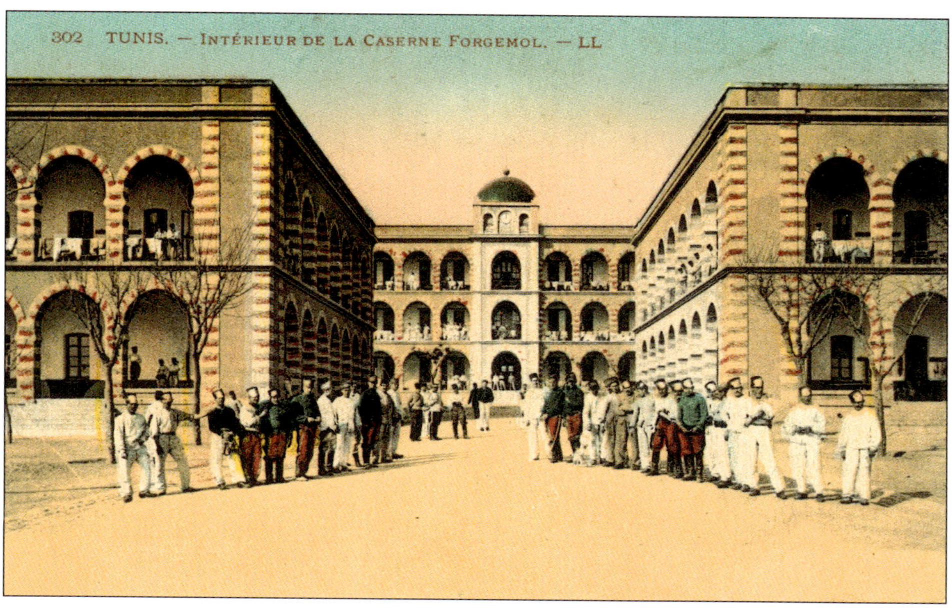

Intérieur de la caserne Forgemol. La vie des hommes y est quelque peu évoquée, avec le linge qui sèche sur les grilles bordant les étages.

Le palais de justice à Tunis. Tunis, place de la Kasbah.

La direction des Finances, Tunis. (Fonds Hubert et Annie Goussaud.)

Le souk-et-Trouk ou souk des Tailleurs, 1908.

Le rabbin.

Juives tunisiennes, 1913. (Fonds Yves Péchoux.)

Le Bardo. La salle du Trône.

Le Bardo. Le petit patio.

L'aqueduc romain.

Bab-el-Khadra. (Fonds Sauveur Farrugia.)

La porte de France. (Fonds Sauveur Farrugia.)

Une partie de la résidence, 1920. (Fonds Sauveur Farrugia.)

L'avenue de France. (Fonds Sauveur Farrugia.)

L'avenue Jules Ferry et le golfe, 1909.

Perspective des avenues de France et Jules Ferry aux environs de 1930.

Le théâtre italien, avenue Jules Ferry. (Fonds Hubert et Annie Goussaud.)

L'institut Sainte-Marie un jour de communion. Photo prise dans un coin de la cour, entre 1923 et 1925 (date approximative). Cette école secondaire, située rue d'Algérie, fut connue à Tunis sous le nom d'établissement catholique des Maristes.

Médina. La cour de l'école Saint-Joseph, rue Sidi-Saber, 2004. Cette ancienne école est devenue la bibliothèque diocésaine de l'Eglise catholique en Tunisie. (Fonds Huguette Aspromonte.)

Tunis. L'hôtel des postes.

Vue prise au marché (1907).

Le théâtre et le café (du Casino), 1915. (Fonds Sauveur Farrugia.)

Tunis. Le casino du Belvédère.

L'institut Emilie de Vialar : façade principale, 2004. (Fonds Huguette Aspromonte.)

Le Petit Journal

Le Petit Journal
CHAQUE JOUR 5 CENTIMES
Le Supplément illustré
CHAQUE SEMAINE 5 CENTIMES

SUPPLÉMENT ILLUSTRÉ
Huit pages CINQ centimes

ABONNEMENTS

	SIX MOIS	UN AN
SEINE ET SEINE-ET-OISE	2 fr.	3 fr. 50
DÉPARTEMENTS	2 fr.	4 fr.
ÉTRANGER	2 50	5 fr.

Treizième année — DIMANCHE 29 JUIN 1902 — Numéro 606

INVESTITURE DU NOUVEAU BEY DE TUNIS

Investiture du nouveau bey de Tunis. Le Petit Journal, *29 juin 1902*.

S.A. Sidi-Mohammed-el-Hadi,
bey de Tunis (1902-1906).

Tunis. La cathédrale après restauration en 1996.

« Le pape à l'arrivée à l'aérodrome de Carthage, accueilli par le président Ben-Ali et monseigneur Twal (à gauche), 14 avril 1996. » *(Archives de la prélature, Tunis.)*